# GÖTZ SCHARTNER

# TATORT WWW

Die spektakulärsten Fälle eines
professionellen Hackers –
und wie Sie sich gegen Hacking,
Phishing und Datenklau
schützen können

PLASSEN
VERLAG

Copyright 2013:
© Börsenmedien AG, Kulmbach

Gestaltung, Satz und Herstellung: Johanna Wack
Lektorat: Wolfgang Seidel
Korrektorat: Hildegard Brendel
Druck: GGP Media GmbH, Pößneck

ISBN 978-3-86470-120-7

Bibliografische Information der Deutschen Nationalbibliothek:
Die Deutsche Nationalbibliothek verzeichnet diese Publikation in der
Deutschen Nationalbibliografie; detaillierte bibliografische Daten
sind im Internet über <http://dnb.d-nb.de> abrufbar.

BÖRSEN MEDIEN
AKTIENGESELLSCHAFT

Postfach 1449 • 95305 Kulmbach
Tel: +49 9221 9051-0 • Fax: +49 9221 9051-4444
E-Mail: buecher@boersenmedien.de
www.plassen.de
www.facebook.com/plassenverlag

# INHALT

# VORWORT

Jeder Internetnutzer wünscht sich Sicherheit im Internet und vielleicht haben Sie persönlich auch schon Einiges dafür getan, indem Sie eine Antivirensoftware und eine Firewall installiert haben. Aber ist das wirklich genug? Nach der Lektüre dieses Buches werden Sie vielleicht überrascht sein, was trotzdem noch alles passieren kann.

Die Idee zu diesem Projekt entstand während meiner Live-Hacking-Vorträge, die ich seit fast zehn Jahren vor unterschiedlichem Publikum halte. In meinen Vorträgen erlebe ich wiederholt entsetztes Erstaunen bei den Teilnehmern, wenn sie live nachverfolgen, wie einfach Antivirenprogramme und Firewalls umgangen werden können. Es ist immer wieder spannend zu beobachten, dass nicht nur private Internetnutzer, sondern auch IT-Spezialisten aus allen Wolken fallen. Bedenken Sie: Wenn die Schutzvorkehrungen von einzelnen Computern oder ganzen Unternehmensnetzwerken einmal geknackt sind, gibt es kein Halten mehr für Hacker. Ob diese dann als Spanner über Webcams und Mikrofone in Ihre Intimsphäre eindringen, Ihren Webbrowser mit einem Trojaner verseuchen und dann Onlinebanking-Überweisungen umleiten und Ihnen so Ihr Geld stehlen oder über Ihre Computer- und Internetanschlüsse Straftaten begehen, für die Sie theoretisch angeklagt werden können, wenn Sie nicht wissen, wie Sie sich wehren müssen – die Möglichkeiten sind nahezu unendlich.

Beinahe täglich treffen ich selbst oder meine Mitarbeiter auf Opfer von Hacking- und Mobbing-Attacken und Internetbetrügereien. Die Auswirkungen für die Betroffenen können beängstigend sein.

Wie kann Schutz für Internetnutzer geschaffen werden?

Sinnvoll kann dies nur durch Aufbau von Wissen und Befolgen von Sicherheitsregeln erreicht werden. Anders als in gewissen TV-Spots in der Vergangenheit suggeriert wurde, reicht es nicht aus, ein Kabel einzustecken und schon „drin" zu sein. Wer sich sicher im

Internet bewegen möchte, muss wissen, was er dort macht und welche Schutzmaßnahmen notwendig sind.

Denken Sie immer daran, Schutzsysteme wie Antivirenprogramme und Firewalls reduzieren definitiv die Gefahr, dass Ihr Computer gehackt und manipuliert werden kann, mehr aber nicht. Wer optimale Sicherheit im Internet möchte, muss mehr machen.

Darum geht es mir in diesem Buch. Ich habe jedes Kapitel zu den wichtigsten Sicherheitsthemen mit ausführlichen Fallbeispielen eingeleitet. Auch wenn sie auf dem ersten Blick drastisch wirken – sie sind mir alle in meiner langjährigen Praxis so untergekommen und keineswegs künstlich dramatisiert.

Ich hoffe, dass die Schicksale der betroffenen Menschen Ihnen besser dabei helfen, ein ausreichendes Sicherheitsbewusstsein zu entwickeln und Fahrlässigkeiten zu vermeiden. Wie Sie sich in Zukunft absichern können und was Sie dafür tun sollten, wird in den jeweiligen Ratgeberteilen des Buches und auf der Buch-Website unter www.tatort-www.de beschrieben.

Mai 2013
*Götz Schartner*

# 1.

# WLAN

*Die folgende Geschichte ist dem Bruder eines Teilnehmers meiner Vorträge passiert. Im Laufe von einigen Monaten habe ich immer wieder Kontakt mit beiden Brüdern gehabt. Um die Familien beider Brüder zu schützen, habe ich diverse Änderungen an der Geschichte vorgenommen. Angefangen bei den Orten, Namen, Berufen und einigen Details. Der Kern der Geschichte und alle schrecklichen Erlebnisse der Opferfamilie entsprechen den Tatsachen.*

# Der Fall Till Weber

Ein kalter Februarmorgen in Hamburg. Es ist 6.15 Uhr. Einige Kriminalpolizisten gehen auf die Haustür eines Einfamilienhauses zu. Einer von ihnen bedient die Türklingel und schlägt mit der Faust gegen die Tür. Mehrmals. Hartnäckig. Nach drei Minuten wird die Tür von innen aufgerissen. Nur in Boxershorts, noch den Schlaf und Ärger im Gesicht, raunzt der Hauseigentümer: „Was soll das? Was wollen Sie?" Einer der Kripo-Beamten hält ihm seinen Dienstausweis unter die Nase: „Kripo Hamburg, Hausdurchsuchung. Sie sind doch Dr. Till Weber?" So nimmt die Geschichte ihren Lauf …

### Vier Wochen vorher

Zufrieden blickte der Unternehmensberater Dr. Till Weber auf seine Ehefrau Susan und die gemeinsame Tochter Emma. Anlässlich von Emmas siebzehntem Geburtstag hatte Till einen Tisch im Hamburger Sternerestaurant „Zur Ente" in der Elbchaussee reserviert. Den achtjährigen Paul hatten die Webers vorher bei Tills Bruder Björn und dessen Familie abgeliefert. Paul wollte lieber mit seinem Cousin spielen, als stundenlang im Nobelrestaurant stillzusitzen. Nach dem Hauptgang überreichte Till seiner Tochter ein Geschenk in einer kleinen Box. Neugierig packte sie es aus. „Mensch Papa, du bist der Beste! Ein iPhone!", rief Emma mit leuchtenden Augen. „Die werden alle Augen machen."

„Noch ein Geschenk", schimpfte Susan. „Heute Morgen ein Notebook, was schon teuer genug war. Und jetzt noch das neue iPhone", beklagte sich Susan weiter. „Du weißt genau, dass wir zurzeit sparen müssen."

„Ach Susan, stimmt ja. Aber heute geht es nicht nur um Emmas Geburtstag. Sie ist heute auch noch zur Schulsprecherin gewählt worden", und man konnte Till den Stolz auf seine Tochter deutlich ansehen.

„Oh, echt? Äh ja, das ist super, Schatz!"

„Mama, ein bisschen mehr Begeisterung, bitte", erwiderte Emma enttäuscht über die verhaltene Reaktion ihrer Mutter.

„Emma, ich freue mich ja für dich! Aber da wird Linda wenig begeistert sein."

Seit die Familie Weber vor drei Jahren in das Haus neben Linda und ihre Mutter Claudia Vogel gezogen waren, knirschte es ständig zwischen Emma und Linda. Die Mädchen besuchten die gleiche Klasse des Albert-Schweitzer-Gymnasiums. Im vorletzten Schuljahr hatten nur Emma und Linda als Klassensprecherinnen kandidiert. Linda hatte haushoch gegen Emma verloren. Seitdem ließ Linda keine Gelegenheit aus, Emma eins auszuwischen.

„Ja, ja", erwidert Emma, „aber inzwischen hat sich das gelegt. Linda hängt jetzt dauernd mit den Typen aus dem zwölften Jahrgang rum. Für die ist Mobbing kein Thema mehr", beruhigte Emma ihre Mutter.

Wenig später zahlte Till und die Familie fuhr nach Hause, nachdem sie noch Paul bei Björn abgeholt hatte. Als Till schließlich auf dem Weg ins Schlafzimmer war, hielt Emma ihn auf: „Papa, du kannst noch nicht schlafen gehen. Erst musst du mir das WLAN einrichten.

Sonst kann ich mit dem iPhone nicht ins Internet und über Mobilfunk kann ich nicht alle Apps runterladen."

„Kann das nicht bis morgen warten?", fragte Till gähnend.

„Nein", antwortete Susan für ihre Tochter. „Du musstest ihr ja unbedingt das iPhone schenken. Dafür richtest du ihr jetzt auch das WLAN ein. Das wird ja wohl nicht ewig dauern", erwiderte Susan und verschwand ins Schlafzimmer. Till resignierte und schlurfte müde ins Arbeitszimmer, um das WLAN für seine Tochter einzurichten.

Am nächsten Morgen weckte Susan Till mit der Frage: „Wie lange hast du gestern noch am WLAN gesessen? Ich habe dich gar nicht mehr ins Schlafzimmer kommen hören."

Gähnend nuschelte Till: „Bis drei Uhr morgens. Emma wollte einfach keine Ruhe geben. Zuerst hatte ich Probleme, überhaupt das Kennwort für den Zugriff auf das Verwaltungsmenü des WLAN-Routers zu finden. Dann habe ich verschiedene Kennwörter für die Verschlüsselung getestet, aber keins hat bei Emmas iPhone funktioniert. Deshalb habe ich es vorübergehend ohne Verschlüsselung eingerichtet, aber dafür einen MAC-Filter eingerichtet. Damit kann nur das iPhone von Emma auf das WLAN zugreifen. Die Verschlüsselung stelle ich heute Vormittag ein, sobald mein Lieblingstyrann wachgeworden ist", sagte er zu seiner Frau.

„Na ja, Emma kommt halt nach ihrem Vater", lächelte Susan. „Und jetzt ab mit dir. Paul wartet schon. Sein Fußballturnier aber nicht."

„Au, das hätte ich fast vergessen – Pauls Turnier." Till sprang aus dem Bett und eilte ins Badezimmer.

An das ungesicherte WLAN dachte Till Weber in den nächsten Tagen nicht mehr.

„Was'n los", murrte Till schlaftrunken, als er von Susan ungefähr vier Wochen später an einem Freitagmorgen wachgerüttelt wurde.

„Till! Till! Wach auf, da läutet jemand Sturm!" Mit verquollenen Augen sah Till auf die Uhr, erst 6.15 Uhr. Jetzt vernahm auch er laute Schläge gegen die Tür.

Till sprang aus dem Bett und rannte nur mit Boxershorts bekleidet die Treppe runter. Er riss die Haustür auf: „Was soll das? Was wollen Sie?" Verwundert sah er sich einigen uniformierten Polizisten und Personen in Zivil gegenüber.

„Kripo Hamburg, Hausdurchsuchung. Sie sind doch Dr. Till Weber?", fragte einer der Zivilpolizisten und hielt ihm seinen Dienstausweis vors Gesicht.

„Ja", antwortete Till irritiert.

„Mein Name ist Konrad Gruber von der Kripo Hamburg. Wir haben einen Durchsuchungsbeschluss vom Amtsgericht Hamburg. Gegen Sie besteht dringender Tatverdacht gemäß Paragraph 184b StGB wegen der Verbreitung, dem Erwerb und Besitz von kinderpornografischen Schriften. Wir werden Ihr Haus durchsuchen und alle Computer, Kameras und Datenträger beschlagnahmen." Der Kripobeamte machte eine kurze Pause und fuhr fort: „Der Herr neben mir ist Friedhelm Overbeck. Herr Overbeck arbeitet für die Stadt Hamburg und begleitet uns bei der Hausdurchsuchung als neutraler Zeuge. Die Frau neben Herrn Overbeck ist Elfriede Maier-Jenisch vom Städtischen Jugendamt Hamburg. Das Jugendamt wird Ihre Kinder befragen. Es besteht der Verdacht, dass Sie Ihre Kinder für die Pornovideos missbraucht haben könnten. Die anderen Herren sind Kriminalbeamte meiner Abteilung und werden die Hausdurchsuchung durchführen. Sie haben das Recht, einen eigenen Zeugen für die Hausdurchsuchung zu benennen. Gerne fragen wir für Sie einen Ihrer Nachbarn, ob dieser als Ihr Zeuge an der Hausdurchsuchung teilnehmen würde, wenn Sie dies wünschen."

„Eh, was wollen Sie?", fragte Till den Beamten verstört. „Da muss ein Irrtum vorliegen, das ist doch völliger Blödsinn! Und was will diese Frau von meinem Sohn?"

„Herr Weber!", tönte es da aus dem Nachbargarten. „Ist alles in Ordnung bei Ihnen? Ist jemand verunglückt oder ist bei Ihnen eingebrochen worden?"

Irritiert drehte sich Till um und sah seine Nachbarin samt Tochter Linda in Bademänteln an der Grundstücksgrenze stehen. Linda hielt grinsend ihr Handy vor die Augen und filmte die morgendliche Szene vor der Haustür der Familie Weber.

„Till, was wollen diese Leute?" Susan Weber war verängstigt neben ihren Mann getreten.

„Sind Sie Frau Susan Weber?", fragte der Kommissar.

„Ja", erwiderte Susan verstört.

„Mein Name ist Konrad Gruber von der Kriminalpolizei Hamburg. Ihr Mann steht unter dringendem Tatverdacht, Kinderpornografie im Internet zu verbreiten. Wir werden jetzt Ihr Haus durchsuchen. Da die Befürchtung besteht, Ihr Mann könnte sich dabei auch an seinen eigenen Kindern vergangen haben, werden Ihre Kinder von einer Mitarbeiterin des Jugendamtes befragt werden." Entsetzt sah Susan den Beamten an, aber bevor sie etwas sagen konnte, fuhr dieser fort: „Und wenn Sie nicht wollen, dass noch mehr Nachbarn zusammenlaufen, sollten wir jetzt mit der Durchsuchung beginnen. Gehen Sie zur Seite, Herr Weber. Frau Weber, zeigen Sie Frau Maier-Jenisch die Zimmer Ihrer Kinder. Einer meiner Beamten wird Frau Maier-Jenisch dann begleiten. Sie bleiben mit Ihrem Mann bei mir und warten die Durchsuchung und die Befragung Ihrer Kinder ab."

Das Haus der Webers wurde genau durchsucht, alle Computer, Kameras und Datenträger von der Polizei beschlagnahmt. Vor dem Garten der Familie sammelten sich immer mehr Nachbarn. Niemand wollte den Aussagen von Claudia Vogel glauben, dass Till Weber Kinderpornografie im Internet verteilt hätte. Doch andererseits – wie sollte man sich dieses Polizeiaufgebot erklären? Als Till zur erkennungsdienstlichen Behandlung mitgenommen wurde, hörte einer der Nachbarn, wie sich zwei Polizisten leise unterhielten: „Einfach widerlich, dieser Typ. Kinderpornografie zu verteilen und dann vielleicht sogar von seinem Sohn." Der liebenswürdige Familienvater Till Weber habe Kinderpornos im Internet verteilt. Auf einem sollen der achtjährige Paul und die hübsche Tochter missbraucht worden sein. Als das die Runde machte, war die Nachbarschaft schockiert.

Als Till von der erkennungsdienstlichen Untersuchung zurückkam, war Susan völlig aufgelöst und bestürmte ihren Mann mit der Frage, was denn passiert sei.

„Die Polizei behauptet, dass über unseren Internetanschluss Kinderpornografie verteilt worden sei. Deshalb haben die Beamten auch alle Computer beschlagnahmt. Die werden von der Polizei untersucht, ob solche Videos oder Fotos darauf gespeichert sind", brachte Till fassungslos hervor. „Allerdings kann das wohl einige Wochen dauern."

Entsetzt schnappte Susan nach Luft: „O Gott, Till, deine ganze Arbeit ist auf dem beschlagnahmten Laptop! Was machen wir denn jetzt? Am Montag ist der Abgabetermin. Alle Daten sind auf dem Laptop – sechs Monate Analysen und Berechnungen. Und das Schlimmste, die Polizei hat auch die Sicherungskopien mitgenommen." Panisch sah Susan ihren Mann an: „Till, wir brauchen das Geld. Wir können keine zwei Monate mehr warten, nicht einmal mehr zwei Wochen. Die Raten für das Haus und die beiden Autos sind schon acht Wochen überfällig. Unser Konto ist bis zum Anschlag überzogen. Die Bank hat schon mehrfach angemahnt und uns eine letzte Frist gesetzt. Ich konnte sie nur bis Donnerstag vertrösten. Wir haben doch damit gerechnet, dass spätestens am nächsten Donnerstag das Geld für das Projekt auf unserem Konto ist. Die HEV Werks AG wird keinen Cent zahlen, wenn du am Montag den Projektabschluss nicht durchführen kannst. Ich habe dir gleich gesagt, dass wir den

Auftrag niemals hätten annehmen dürfen. Sechs Monate Arbeit und die Bezahlung erfolgt erst nach Abschluss des Projektes. Was machen wir jetzt, Till?"

Till wurde ganz flau. Er versuchte seine Frau zu beruhigen: „Das schaffen wir schon. Ich werde Montag früh Kommissar Gruber anrufen und ihn um eine Kopie der Daten bitten. Notfalls kann uns sicherlich ein Rechtsanwalt helfen."

Während des Frühstücks am nächsten Morgen klingelte das Telefon. „Weber", meldete sich Susan.

„Susan, hier ist Sven Nielsen. Ich muss mit deinem Mann sprechen", kam es kurz angebunden aus dem Telefon. Verwundert gab Susan das Telefon an Till weiter.

„Sven, was gibt's?", fragte Till den Vorstand seines Fußballvereins.

„Till, einer der Väter aus deiner Jungenmannschaft hat gesagt, dass gegen dich ein Ermittlungsverfahren wegen der Verbreitung von Kinderpornografie läuft."

„Das stimmt so nicht", versuchte Till sich zu verteidigen.

„Lüg mich nicht an!", unterbrach ihn Sven. „Ich habe auf YouTube ein Video von der Hausdurchsuchung gesehen. Egal, hör zu: Wir haben noch gestern Abend deshalb eine Vorstandssitzung abgehalten. Du bist ab sofort als Trainer abgesetzt. So jemand wie du trainiert unsere Kinder nicht. Das können wir nicht verantworten. Der Gesamtvorstand hat dir gestern Abend Hausverbot erteilt. Wir halten es auch für besser, wenn dein Sohn vorerst nicht mehr bei uns spielt. Wir haben nichts gegen Paul, aber was du gemacht hast, hat sich schon überall rumgesprochen. Aber halte vor allem du dich von unseren Kindern fern. Andernfalls werden wir die Sache der Polizei aus der Hand nehmen," drohte Sven und legte auf, ohne eine Antwort abzuwarten.

Zitternd und blass hielt Till das Telefon in der Hand und schaute seine Frau an.

Till brauchte einige Minuten, bis er sich halbwegs von dem Schock des Anrufs erholt hatte. „O Gott, wie soll das bloß weitergehen?", schluchzte Susan verzweifelt.

„Susan, ich muss noch heute etwas unternehmen. Das kann nicht bis Montag warten. Wer weiß, was bis dahin noch alles passiert. Als Erstes benötigen wir einen guten Rechtsanwalt, einen Strafverteidiger." Susan erschrak bei diesem Wort.

„Am besten, wir fragen heute Abend Björn. Mit seinem Wissen als IT-Leiter kann er uns sicher helfen, im Internet den richtigen Rechtsanwalt zu finden."

„Ich rufe ihn gleich mal an und frag, ob sie zu Hause sind."

„Hoffentlich kann Emma die Party überhaupt genießen", bemerkte Susan, nachdem sie ihre Tochter bei Freunden abgesetzt hatten und nun an der Haustür von Tills Bruder Björn klingelten.

„Moin", begrüßte Björn Weber seinen Bruder, Susan und Paul. „Da seid ihr ja. Na, Paul, dann mal ab zu Vincent, der wartet schon", schickte Björn seinen Neffen ins Zimmer seines Sohnes.

„Und, was ist mit euch los, Till? Du zitterst ja", bemerkte Björn verdutzt.

Till klärte seinen Bruder über die Lage auf, in der er sich mit seiner Familie befand, und schloss: „Ich bin doch kein Perverser und erst recht kein Kinderschänder! Aber es geht noch weiter. Heute Morgen habe ich einen Anruf vom Vorstand unseres Fußballvereins bekommen. Die haben mich als Trainer abgesetzt und mir Hausverbot erteilt. Paul soll auch nicht mehr am Training teilnehmen. Angeblich kursiert ein Video von der Hausdurchsuchung im Internet."

„Lieber Himmel!", stieß Björn entsetzt aus. „Verbreitung von Kinderpornografie – wie kann denn das passieren? Deine Kinder oder Susan werden sich so etwas kaum angesehen haben", fuhr Björn fort. „Till, mal ehrlich. Hast du dir vielleicht einfach ein paar Fotos oder Videos von nackten Frauen angesehen?"

„Björn, spinnst du? Ich sehe mir keine Pornos an."

„Okay, dann gibt es eigentlich nur zwei Möglichkeiten. Entweder wurde einer von euren Computern oder das WLAN gehackt. Das WLAN an eurem DSL-Router habe ich beim Einrichten deaktiviert, da wir beim Einzug ins Haus in jeden Raum Netzwerkkabel gezogen hatten und das WLAN wird entsprechend nicht benötigt", stellte Björn fest. „Auch wenn ich es kaum glauben kann, da ich eure Computer wirklich gut abgesichert habe, aber dann muss wohl doch irgendetwas mit einem eurer Rechner sein."

„O nein, das WLAN!" Till fiel es wie Schuppen von den Augen. „Das WLAN habe ich an Emmas Geburtstag eingeschaltet", sagte Till. „Ich hatte Emma ein iPhone zum Geburtstag geschenkt und zum Download einiger Apps benötigte das iPhone eine WLAN-Verbindung, da die Apps zu groß für die Mobilfunkverbindung waren. Beim Einrichten des WLANs hatte ich Probleme mit der Verschlüsselung. Deshalb habe ich nur den MAC-Address-Filter als Schutz für das WLAN aktiviert. Danach wollte ich noch die Verschlüsselung einschalten. Das hatte ich dann aber völlig vergessen. Allerdings sollte doch der MAC-Address-Filter als Schutz ausreichen, oder nicht?" fragte Till verunsichert.

„Verdammt, Till!", fuhr Björn seinen Bruder zornig an. „Wie oft hab ich dir eingebläut, dass du die Finger von der Technik lassen sollst! Ruf mich einfach an. Dann kümmer ich mich drum. Ein MAC-Address-Filter ist nichts weiter als eine Zugangskontrolle. Das heißt, der WLAN-Router kontrolliert, welches Gerät auf das WLAN zugreifen darf. Jedes Kind mit ein bisschen technischem Verstand kann diesen Schutz im Handumdrehen umgehen.

Hinzu kommt, dass ein WLAN mit einer guten Antenne durchaus noch in einem oder zwei Kilometer Entfernung empfangen werden kann. Vermutlich hat jemand die Sicherheitsfunktionen des WLANs geknackt und hat dann über euer WLAN Kinderpornografie verbreitet. Hat die Polizei auch den WLAN-Router mitgenommen?"

„Ja, alles, bis auf das iPhone von Emma. Das hatte sie aus Angst vor der Polizei versteckt", erwiderte Till und fuhr fort: „Jetzt können wir zu Hause nicht mehr ins Internet. Als mich Sven Nielsen heute früh anrief, erwähnte er etwas von einem YouTube-Video über die Hausdurchsuchung. Lass uns bitte im Internet danach suchen und dann nach einem Rechtsanwalt."

„Okay, ich schau mal gleich bei Google", sagte Björn und tippte ein paar Suchbegriffe in seinen Computer ein.

Schon an sechster Stelle der Suchergebnisse fiel ihm ein Link ins Auge. Eine YouTube-Seite öffnete sich und er sah auf dem Video seinen Bruder, nur mit einer Boxershorts bekleidet vor seiner Haustür mit mehreren Personen. Dann wurde auf dem YouTube-Video Susan eingeblendet. Die Brüder starrten schockiert auf den Bildschirm.

| 654 neue Kommentare anzeigen |
|---|

**TomXXXX** vor 2 Minuten
Was für ein Drecksack, sollte gleich getötet werdn!
Antworten

**ManuXXXX** vor 5 Minuten
Hurenbok, gleich wegschließen und dann verrecken lassen!
Antworten

**ChiiiLLMaxx** vor 11 Minuten
Boah - geile Titten hat die Alte!!!! Ob die irgendwo anschaffen geht?
Antworten

**Murat23** vor 19 Minuten
...ich kenn die Tochter, lass die mal richtig fertigmachen, die dreckige schlampe hats nicht anders vedient
Antworten

**Kdiex-3** vor 22 Minuten
Kann dohc nich war sein - das ist bei uns in der Gegenend IRRE. Ich habs total verpennt!
Antworten

**hambu34** vor 39 Minuten
Lass mal ne Demo gegen Kinderschänder organisieren - die wohnen nicht weit weg - wer macht mit?
Antworten

Björn räusperte sich schließlich: „Mein Gott, Till, sieh dir mal die Kommentare unter dem Video an. Die sind der Wahnsinn!"

Till drehte sich der Magen um: „Susan darf das Video und die Kommentare niemals sehen, Björn. Und dann die Drohung gegen Emma. Was mache ich jetzt bloß?", fragte er tonlos. Dann fasste er sich: „Björn, kopiere bitte die Kommentare und das Video und lösche es danach, wenn das irgendwie möglich ist. Ich brauche die Kopien für die Polizei und für einen Rechtsanwalt."

Björn nickte und fing mit der Arbeit an. Till fragte noch: „Kann man herausfinden, wer das Video ins Netz gestellt hat? Vom Aufnahmewinkel her könnte es vom Grundstück unserer Nachbarin Claudia Vogel erstellt worden sein. Kannst du das irgendwie herausfinden?"

Björn deutete auf den Benutzernamen und meinte: „Hochgeladen hat das Video eine #Linda1997XXXX#. Sagt dir das was?"

Till nickte. „Ja, die ist mir allerdings bekannt. Das ist Linda Vogel, unsere Nachbarstochter. Also hatte ich mit meiner Vermutung doch recht. Im letzten Jahr hat Linda mehrfach üble Mobbing-Angriffe gegen Emma gestartet. Damals hatten wir beschlossen, die Polizei nicht einzuschalten, obwohl Linda auf Emma mit abscheulichen Beleidigungen und Bedrohungen losging. Jetzt hat sie den Bogen allerdings überspannt. Das wird Folgen für Linda haben", schimpfte Till.

„Till, dass überlässt du aber der Polizei", warnte Björn seinen Bruder. Till nickte widerstrebend. „Gut, dann werde ich das Video YouTube melden und sie zum Sperren auffordern", meinte Björn. Er klickte auf der YouTube-Seite des Videos auf die kleine Fahne. Das Beschwerdeformular öffnete sich. Im Formular wählte er die Punkte „Verletzt meine Rechte" und „Verletzt meine Privatsphäre" aus und sendete das Formular ab. An Till gewandt sagte Björn: „Normalerweise dürfte das Video in ein bis zwei Stunden von YouTube gesperrt werden."

„Könnten wir jetzt noch nach einem guten Strafverteidiger suchen?", fragte Till. „Sicher", erwiderte Björn.

Als die Brüder eine Stunde später zu ihren Frauen ins Wohnzimmer gingen, hatten sie mit dem Rechtsanwalt Dr. Darius Christof Hansen, dem Strafrechtsexperten einer renommierten Hamburger Kanzlei über dessen Notfall-Hotline telefoniert. Sie hatten gleich einen Termin für Montagvormittag vereinbart. Der Anwalt versprach Till auch, dass er sofort nach dem Telefonat Lindas Mutter Claudia Vogel anrufen würde. Beide würde er über die rechtlichen Konsequenzen der Hasskampagne, die Linda ausgelöst hat, aufklären. Dazu wollte der Rechtsanwalt den Nachbarn gleich eine Unterlassungsklage nebst Schadensersatzforderung androhen, sollte das Video nochmals irgendwo auftauchen. Langsam erholte sich Till von dem Schock über das Video und die unverblümten Drohungen gegen ihn und seine Familie. Damit sollte der Albtraum doch endlich ausgestanden sein, hoffte er. Till erzählte den beiden Frauen vom Kontakt mit dem Rechtsanwalt, der sich sofort um die Angelegenheit kümmern würde. Nach und nach entspannten sich Till und Susan und begannen, den Abend mit Sonja und Björn zu genießen.

Als Till mit seiner Familie später zu Hause in die Garagenzufahrt hineinfuhr, rief Paul aufgeregt: „Seht mal, da hängt ein großes Papier an der Haustür. Das ist bestimmt wieder von einem Verehrer von Emma!"

„He, das ist sicher von Martin, der hat sich nämlich auf der Party nicht blicken lassen", frohlockte Emma, sprang in freudiger Erwartung aus dem Auto. Noch bevor Till den Wagen abgestellt hatte, hörten er und Susan, wie Emma rief: „Nein, nicht schon wieder, ich halte es nicht mehr aus!"

Hastig liefen Susan und Till zur Tür. Ein großes Papierbanner hing mit einem Nagel festgeschlagen an der Haustür der Familie Weber.

> Dreckige Kinderschänder!!!
> Verpisst euch!
> Verschwindet!

Zornig wollte Susan das Plakat abreißen, doch Till hielt sie zurück. „Schatz, lass Emma bitte zuerst ein Foto davon machen. Dann sollten wir die Polizei anrufen."

„Bitte nicht, die kann ich jetzt nicht auch noch ertragen", sagte Susan verzweifelt. „Emma, mach mit deinem Handy das Foto, dann lass uns endlich ins Haus gehen", meinte Susan mit Tränen in den Augen.

Nachdem Susan und Till die Kinder am nächsten Morgen zur Schule gebracht hatten, fuhren sie zum vereinbarten Termin mit Rechtsanwalt Dr. Christoph Hansen.

„Guten Morgen", wurden die beiden von einer lächelnden jungen Frau am Empfang begrüßt.

„Guten Morgen, mein Name ist Dr. Till Weber, das ist meine Frau Susan Weber. Wir haben einen Termin mit Herrn Dr. Hansen."

Die Empfangssekretärin warf einen Blick auf die Terminliste. „Ach ja, der Kinderporno-Fall. Ich sage Dr. Hansen, dass Sie da sind", sagte sie förmlich und entfernte sich eilig. Nach kurzer Wartezeit wurden Till und Susan in ein Besprechungszimmer geführt. „Ich komme mir langsam vor wie ein gefährlicher Schwerverbrecher", meinte Till bedrückt.

Bevor Susan antworten konnte, betrat ein Mittvierziger das Zimmer. Lächelnd ging er auf das Ehepaar zu, gab beiden die Hand und sagte: „Guten Tag, Frau Weber, Herr Dr. Weber." „Vielen Dank, dass Sie sich so kurzfristig Zeit genommen haben", erwiderte Till. „Das Leben ist seit Freitag für uns zur Hölle geworden. Sie können sich gar nicht vorstellen, was alles passiert ist", fuhr Till fort.

Dr. Hansen hörte sich Tills Erzählung an; er unterbrach ihn nur ab und zu mit gezielten Zwischenfragen und machte sich dabei viele Notizen. „Mein Gott, das ist ja wie in einem schlechten Thriller", kommentierte er Tills Erzählung schließlich. „Gut, wir sollten schnellstens aktiv werden. Als Erstes muss ich bei der Staatsanwaltschaft Akteneinsicht beantragen." Dann fuhr er fort: „Für den Aufbau einer effektiven Verteidigung muss ich Sie fragen, ob es wirklich ausgeschlossen ist, dass einer von Ihnen beiden oder vielleicht Ihre Kinder sich im Internet irgendwelche Pornos angesehen haben?" Der Anwalt sah Till und Susan abwechselnd fragend an, dann fuhr er fort: „Oder haben vielleicht Ihr Sohn oder Ihre Tochter eine Filesharing-Software auf einen Computer installiert und dadurch unwissentlich Kinderpornos geladen und verteilt?"

Susan fragte: „Was ist eine Filesharing-Software?"

„Das ist eine spezielle Software, mit deren Hilfe Internetnutzer beispielsweise Musikdateien mit Tausenden anderen Internetbenutzern teilen. Je nach Software und Einstellung kann es sogar sein, dass eine solche Software automatisch Dateien von anderen Computern kopiert. Darunter könnte dann auch illegales Material sein. Daher ist es wichtig, dies im Vorhinein zu wissen. Eine Verteidigungsstrategie muss fundiert sein. Wenn sich im Laufe des Verfahrens herausstellt, dass die Fakten, auf die ich die Strategie aufgebaut habe, völlig falsch sind, wird Ihnen die Strategie nicht helfen, sondern schaden", sagte Dr. Hansen und machte eine kurze Sprechpause, bevor er fortfuhr: „Ich bin Ihr Rechtswalt und damit eine Zusammenarbeit zwischen uns funktionieren kann, müssen wir uns gegenseitig hundertprozentig vertrauen. Deshalb muss ich Sie fragen, ob jemand aus Ihrem Haushalt sich bewusst oder unbewusst pornografische Fotos oder Videos aus dem Internet heruntergeladen haben könnte?"

„Nein", meinte Till. „Mein Bruder ist Informatiker. Er hat gemeinsam mit uns und den Kindern genau dieses Thema mehrfach besprochen. Wir alle kennen die rechtlichen Konsequenzen, was bei unsachgemäßer Benutzung einer solchen Software passieren kann. Mein Bruder hat uns darüber hinaus auch über die sehr hohe Wahrscheinlichkeit, erwischt zu werden, aufgeklärt, auch bei Einsatz von Programmen, die Anonymität im Internet versprechen. Aus diesem Grund haben wir unseren Kindern ein gemeinsames Konto bei iTunes für Musik und Filme eingerichtet. Beide können sich bis zu einem bestimmten Limit selbst bedienen und tauschen die Songs und Filme untereinander aus. Beide Kinder haben darauf verzichtet, selbst Software auf ihren Computer installieren zu können. Das übernimmt immer der Onkel per Fernwartung. Also kann es keine Filesharing-Software auf den Computern der Kinder geben. Auch unsere Notebooks, das meiner Frau und mein eigenes, werden von meinem Bruder verwaltet. Der würde das sofort mitbekommen. Sie glauben gar nicht, was ich mir anhören musste, als er am Samstag hörte, dass ich selbstständig ein WLAN eingerichtet habe. Er hätte mir fast den Kopf abgerissen, na ja, vielleicht ja sogar zu Recht. Ohne das von mir eingerichtete WLAN würden wir jetzt wohl diese Probleme nicht haben."

Till fuhr fort: „Übrigens soll ich Ihnen von meinem Bruder noch die CD mit dem YouTube-Video, eine Kopie der Drohungen auf YouTube und eine Beschreibung über die Absicherung unserer Computer und des WLANs geben. Dazu hat er schriftlich dargelegt, wie das von mir eingerichtete WLAN manipuliert worden sein könnte, trotz des MAC-Address-Filters. Mein Bruder meinte auch, dass mit guten

WLAN-Antennen unser WLAN durchaus aus einem, zwei vielleicht sogar mehr Kilometern Entfernung nutzbar gewesen wäre."

„Gut", meinte der Anwalt. „Neben der eigentlichen Strafverfolgung haben Sie aber noch andere Probleme, wie Sie am Telefon sagten."

„Ja, es geht um die Dateien meiner beruflichen Arbeit." Till erläuterte kurz, worum es bei dem Projekt ging, das er als Freiberufler betreute. „Das Honorar dafür wird sich auf rund hunderttausend Euro belaufen. Seit sechs Monaten arbeite ich nur an diesem einen Auftrag und habe keine anderen Einnahmen in der Zeit gehabt. Sie können sich vorstellen, wie unser Kontostand aussieht. Der Witz ist, dass ich die Arbeit seit vier Tagen termingerecht abgeschlossen habe. Ich habe heute Nachmittag die Abschlussbesprechung mit meinem Kunden und muss bis spätestens Donnerstag die Analysen übergeben. Dann erhalte ich sofort das Geld. Nur habe ich die Daten nicht mehr, weil ausgerechnet jetzt die Polizei alles vollständig beschlagnahmt hat."

„Das sollte kein Problem sein. Ich werde versuchen, Ihnen eine Kopie der Daten zugänglich zu machen", versprach Dr. Hansen. „Ich hake auch auch noch mal wegen des Videos bei Youtube nach. Ihren Nachbarn Linda und Claudia Vogel habe ich klargemacht, dass ich morgen eine Klage einreichen werde, wenn die Unterlassungserklärungen nicht bis morgen, zwölf Uhr, bei mir eingegangen sind. Wegen des Hassplakats an Ihrer Haustür liegen juristisch gesprochen eine Sachbeschädigung und eine Bedrohung vor. Haben Sie einen Verdacht, wer das gewesen sein könnte?", fragte er die beiden.

„Unsere Tochter meint, die Handschrift von Linda Vogel wiedererkannt zu haben", sagte Susan.

„Gut, kann ich das Plakat haben? Eventuell wird die Polizei auch davon Fingerabdrücke nehmen." Till übergab dem Anwalt das Plakat.

„Über alles Weitere sprechen wir, sobald ich Akteneinsicht erhalten und mit dem zuständigen Staatsanwalt gesprochen habe. Ich hoffe, dass beides noch heute erledigt wird."

Die Abschlussbesprechung am Nachmittag bei der HEV Werks AG verlief wider Erwarten unkompliziert. Der Vorstand war erfreut, keine für Unternehmensberater typische Power-Point-Präsentation, sondern eine fachliche vierstündige Übersicht der Prozessfehler und deren Ursachen im Unternehmen zu bekommen, die in den vergangenen Jahren den Unternehmenserfolg immer stärker gefährdet hatten.

Zu Hause hörte Till zu seiner Erleichterung von Susan, dass beide Kinder einen verhältnismäßig ruhigen Schultag gehabt hatten. Nur Emma wurde von einigen Mitschülerinnen auf die Hausdurchsuchung und die Gerüchte angesprochen. Emma erklärte ihnen, dass ihre Familie Opfer einer Hacking-Attacke war.

Am nächsten Tag fuhr Till in den Elektronikmarkt und besorgte sich ein neues Notebook, das er, wie üblich, mit seiner EC-Karte bezahlte. Anschließend erstellte er in mühevoller Kleinarbeit den Ausdruck des Projekts für die HEV Werks AG und die Rechnung dafür. Dr. Hansen hatte ihm am Vormittag Bescheid gegeben, dass er sich eine Kopie seiner Daten bei ihm abholen konnte. Die Erstellung der Rechnung war besonders aufwändig. Die HEV verlangte eine detaillierte Zeitabrechnung mit Tätigkeitsnachweis.

„Bitte gib die Rechnung morgen früh bei HEV direkt in der Buchhaltung ab. Ich werde morgen früh die Bank informieren, dass das avisierte Geld am Montag eingeht", sagte Susan zu Till.

Nach dem Frühstück, als Till bereits zur HEV Werks AG unterwegs war, klingelte das Telefon.

„Guten Morgen, Frau Weber. Mein Name ist Steffen Müller, Hamburgische Hanseatenbank, Rechtsabteilung. Ihr Kundenberater hat mir letzte Woche Mittwoch Ihren Fall übergeben."

Verdutzt entgegnete Susan: „Herr Müller, entschuldigen Sie, aber was für einen Fall hat unser Kundenberater an Sie übergeben?"

„Frau Weber, Sie und Ihr Mann führen bei unserer Bank zum einem ein Girokonto, das seit fünf Monaten über das vereinbarte Kreditlimit hinaus überzogen ist. Dazu sind die Hausfinanzierungsraten seit drei Monaten überfällig. Trotz mehrfachen Versprechens Ihrerseits wurde das Konto nicht ausgeglichen und die Hausraten wurden nicht bezahlt. Wir haben ebenfalls festgestellt, dass Ihr Mann gestern mit seiner EC-Karte in einem Elektronikmarkt im Wert von etwas über eintausend Euro Ware bezahlt hat. Das Konto ist nicht gedeckt und wir haben den Betrag natürlich zurückgehen lassen. Die Kreditkartenabrechnung beläuft sich auf 4.584 Euro."

Susan hörte verzweifelt zu und versuchte den Anrufer zu beruhigen: „Herr Müller, das tut mir wirklich leid. Mein Mann hat vorige Woche ein großes Projekt abgeschlossen und ist gerade mit der Rechnung auf dem Weg zu …"

Müller hörte ihr gar nicht weiter zu: „Das höre ich häufig. Frau Weber, wir haben Ihnen mehrere Fristen gesetzt, die Raten für Ihr Haus zu bezahlen und Ihr Konto auszugleichen. Wir hatten Ihnen bis gestern die letzte Frist zum Ausgleich Ihres Girokontos und zum Begleichen der offenen Raten gesetzt. Diese Frist ist wie die anderen zuvor verstrichen. Die letzte Frist lief gestern ab. Dazu kursieren äußerst beunruhigende Gerüchte über Ihren Mann. Letzte Woche hat es bei Ihnen eine Hausdurchsuchung gegeben. Als Familienvater bin ich wirklich schockiert, was Sie und Ihr Ehemann gemacht haben sollen, aber egal. Ich muss Ihnen nur mitteilen, dass wir mit sofortiger Wirkung unsere Geschäftsbeziehung mit Ihnen kündigen. Ihre EC-Karten und Kreditkarten sind seit heute morgen gesperrt."

Susan wurde schwindlig. Sie musste sich setzen. „Herr Müller, bitte, mein Mann hat das Projekt abgeschlossen. Wir erwarten bis spätestens Montag den Geldeingang von über hunderttausend Euro dafür. Sie können uns doch jetzt nicht einfach kündigen!"

Der Banksyndikus fuhr ungerührt fort: „Ihr Girokonto ist mit 28.543 Euro und 82 Cent überzogen. Auf dem Hausfinanzierungskonto sind 488.321 Euro und 17 Cent zu tilgen. Beide Beträge sind hiermit sofort fällig. Wir geben Ihnen eine Frist, die 516.864 Euro und 99 Cent bis zum Mittwoch, den 6. März 2013, zu bezahlen. Danach werden wir eine Zwangsvollstreckung einleiten. Die schriftliche Kündigung unserer Geschäftsbeziehung geht Ihnen noch heute zu, Frau Weber. Ich erwarte den Eingang unseres Geldes bis Mittwoch, auf Wiederhören."

Wie vor den Kopf geschlagen saß Susan in der Küche. Panisch überlegte sie, wie sie die fälligen Rechnungen bezahlen sollte. Ihr Herz fing an zu rasen, als ihr einfiel, dass sie dringend Lebensmittel einkaufen musste, aber nur noch zwanzig Euro in bar besaß.

Als Till einige Stunden später von der HEV Werks AG nach Hause kam, hatte er eine gute, aber leider auch eine sehr schlechte Nachricht. Die gute war, dass die Analysen von der Unternehmensberatung, welche die Umstrukturierung bei den HEV Werken vornehmen sollte, geprüft und abgenommen worden waren. Das Projekt würde am folgenden Montag wie geplant starten. Till hatte damit seinen Auftrag erfüllt. Er sollte ursprünglich das Umstrukturierungsprojekt neun Monate lang begleiten. Da die HEV aber wegen des bekanntgewordenen Strafermittlungsverfahrens an seiner Integrität gezweifelte, lehnte die Firma Till als Berater für weitere Projekte kategorisch ab.

Einige Wochen nach der Hausdurchsuchung erhielt Till einen Anruf von seinem Rechtsanwalt. Dr. Hansen teilte ihm das Ergebnis der forensischen Analysen der Polizei mit. Sie hatten ergeben, dass sich offensichtlich ein Fremder in das WLAN der Familie gehackt und dann über den Internetschluss der Familie Kinderpornografie verteilt hatte. Die Familie war unschuldig, das Ermittlungsverfahren wurde eingestellt. Der eigentliche Täter wurde bis zum heutigen Tag nicht gefasst.

Hinsichtlich der Kündigung ihrer Bankkonten hatte Rechtsanwalt Dr. Hansen Susan und Till nicht weiterhelfen können. Die beiden konnten mit ihrer Hausbank keine Einigung erzielen. Die finanzielle Situation spitzte sich damit für die Familie zu. Zwar überwies die HEV den Rechnungsbetrag ordnungsgemäß und unverzüglich auf Tills Bankkonto bei der Hamburgischen Hanseatenbank. Diese behielt das eingegangene Honorar aber vollständig zur Schuldentilgung ein. Till und Susan rannten tagelang von einer Bank zur nächsten, um eine neue Hausfinanzierung zu erhalten. Aber aufgrund der nun vorhandenen negativen Schufa-Einträge und der laufenden Strafermittlung lehnten alle Banken ab, eine Geschäftsbeziehung inklusive der Hausfinanzierung einzugehen. Das Haus der Familie wurde einige Monate später zwangsversteigert.

Da sich der Fall Till Weber zumindest in Norddeutschland herumgesprochen hatte, erhielt er hier keine neuen Aufträge mehr. Im August nahm er einen längerfristigen Beratungsauftrag in Stuttgart an. Im September erfolgte der Umzug der Familie in einen kleinen Vorort von Stuttgart, in der Hoffnung, dort ein neues und friedliches Leben beginnen zu können. Aber innerhalb weniger Tage verbreitete sich auch am neuen Wohnort die Kunde über die spektakuläre Hausdurchsuchung. Videos kursierten über die Facebook-Seiten der neuen Mitschüler von Emma. Ein kleiner Fehler hatte dies verursacht. Sie hatte zwar ihr altes Facebook-Profil deaktiviert, aber schon nach einer Woche ein neues erstellt. Ihre beste Freundin aus Hamburg hatte sie zu ihrer Freundesliste hinzugefügt. Andere ehemalige Mitschüler aus Hamburg fügten daraufhin ebenfalls Emma zu ihren Freundeslisten in Facebook hinzu und der Spuk für die Familie Weber begann von Neuem.

Ende Oktober beschlossen die Webers, nach Argentinien auszuwandern.

## Kommentar

*Was ist hier passiert? Till Weber hatte, wie beschrieben, vergessen, sein WLAN fachgerecht abzusichern. Solche nicht abgesicherten oder schlecht abgesicherten WLANs sind quasi eine Einladung für Kriminelle. Kriminelle suchen gezielt nach derartigen Funknetzen (WLANs), um über diese für Straftaten zu nutzen. Im Internet existieren für viele deutsche Städte Karten und Verzeichnisse, auf denen offene oder ungeschützte WLANs verzeichnet sind. Teils werden diese auch von Kriminellen missbraucht.*

*Für Kriminelle ist das ein Eldorado, da sie nahezu nicht erwischt werden können. Die Leidtragenden sind neben den Opfern solcher Straftaten die Internetanschlussinhaber der missbrauchten Zugänge.*

*Solche Fälle kommen in Deutschland immer wieder vor, aber nicht besonders häufig. Daher ist die Wahrscheinlichkeit, dass es Sie trifft, relativ gering. Sollten Sie allerdings betroffen werden, besteht die Gefahr, dass dies Ihr Leben zerstört. Der hier beschriebene Fall sollte dies klargestellt haben.*

# DIE 10 GEBOTE
# DER WLAN-SICHERHEIT

Beachten Sie bitte Folgendes: **Sicherheit ist ein dynamischer Prozess, kein statischer Zustand.** Das bedeutet: Auch wenn Sie heute alle zehn Gebote umsetzen, kann in einem halben Jahr Ihr WLAN-Router wieder unsicher sein. Das ist wie beim Autofahren. Frisch aus der Inspektion, mit neuen Reifen, neuen Bremsen wird Ihr Auto recht sicher sein. Aber nach einigen Monaten sind die Reifen wieder runter gefahren, die Bremsen müssen erneuert werden und so weiter.

Genauso verhält es sich mit Computern und WLAN-Routern. Auch diese müssen regelmäßig gewartet und teils erneuert werden. Meist reicht das Installieren neuer Software aus, sodass die Wartungsarbeiten zwar Zeit, aber, sofern Sie das selbst machen können, kein Geld kosten. Auf Seite 45 finden Sie eine Tabelle, in welche Sie „Wartungsintervalle" für Ihren WLAN-Router, Computer und Handys eintragen können.

Am Ende der zehn Gebote habe ich Ihnen eine Checkliste beigefügt. Damit können Sie einfach kontrollieren, ob Sie auch alle Einstellungen übernommen haben.

## 1. Verschlüsseln Sie Ihr WLAN fachgerecht

Wünschen Sie Sicherheit, dann müssen Sie Ihr WLAN verschlüsseln. Derzeit werden standardmäßig drei Verschlüsselungstypen angeboten:

WEP: absolut unsicher – keinesfalls verwenden

WPA: als Sicherheit bei entsprechend langem Kennwort akzeptabel

WPA2: ausreichende bis gute Sicherheit – abhängig von der Qualität des Kennwortes und dem regelmäßigen Einspielen von Firmware- oder Softwareupdates

Verschlüsseln Sie Ihr WLAN ausschließlich per WPA2 mit einem langen Kennwort (siehe 2. Gebot).

## 2. Verwenden Sie ein sicheres Kennwort für die Verschlüsselung

Verwenden Sie für die WPA- oder WPA2-Verschlüsselung ein langes Kennwort mit mindestens 30 Zeichen. Das Kennwort sollte aus den 4 Zeichentypen – kleine Buchstaben, große Buchstaben, Zahlen und Sonderzeichen – bestehen. Diese Zeichentypen sollten sich immer wieder abwechseln:

Beispiel für ein gutes Kennwort:
F9/-$ueE&_f"vN073?q§iMy!2kLB4x5#K

Beispiel für ein schlechtes Kennwort:
qwertzuiopasdfghjklyxcvbnm1234

Geben Sie das WLAN-Kennwort nicht weiter. Richten Sie persönlich alle WLAN-Geräte in Ihrer Familie ein. Besteht der Verdacht, dass jemand das WLAN-Kennwort kennen sollte, dann sollten Sie das Kennwort wieder ändern.

Dazu muss gesagt werden, dass beispielsweise an jedem Windows-7-Computer das WLAN-Kennwort in Klartext angezeigt werden kann, wenn es dort einmal eingerichtet worden ist. Sollten Freunde, beispielsweise Ihrer Kinder, WLAN-Zugriff bei Ihnen benötigen, sollten Sie dazu ein Gastnetzwerk einrichten (siehe 4. Gebot).

## 3. Deaktivieren Sie die WPS-Funktion und ändern Sie alle voreingestellten Kennwörter

Deaktivieren Sie die WPS-Funktion und nutzen Sie diese niemals. Auch wenn WPS komfortabel ist, die potenziellen Gefahren sind nicht kalkulierbar. In meinen Vorträgen zeige ich häufig live, wie eine solche Manipulation funktioniert. Verwenden Sie niemals die voreingestellten Kennwörter Ihres WLAN-Routers. Diese können häufig einfach errechnet werden.

Hacker verwenden gerne Sicherheitslücken in der WPS-Funktion und bei den voreingestellten WPA-Kennwörtern, um die Schutzvorkehrungen zu umgehen. Deshalb: Schalten Sie WPS ab und vergeben Sie immer ein neues und langes WPA2-Kennwort.

## 4. Richten Sie für Besucher WLAN-Gastnetzwerke ein

Speziell wer Kinder hat, wird die Erfahrung gemacht haben, dass Freunde der Kinder mit eigenen Notebooks, Tablet-PCs oder Smartphones über das WLAN ins Internet müssen. Teilweise werden heute auf diese Weise gemeinsam Schulprojekte oder Hausaufgaben erledigt. Jetzt sollen Sie Ihren Freunden oder den Freunden Ihrer Kinder nicht unterstellen, bewusst oder vorsätzlich

Straftaten zu begehen. Ist aber das Notebook des Besuchers mit einem Trojaner infiziert, der dann womöglich Ihren eigenen Computer infiziert, selbstständig ohne Wissen des Notebook-Benutzers Straftaten im Internet begeht oder einfach im Internet Musik zum Download anbietet, dann können Sie unter Umständen mit äußerst unangenehmen Konsequenzen konfrontiert werden. Viele WLAN-Router bieten die Funktion eines Gastnetzwerkes an. Richten Sie entsprechend ein Gastnetzwerk für Freunde und Besucher ein. Ändern Sie das Gastnetzkennwort nach Gebrauch durch Gäste. Es mag kleinlich klingen, aber schreiben Sie sich immer auf, wer wann in Ihrem Gastnetzwerk war. Führen Sie dazu einfach ein „WLAN-Handbuch" ein. Informieren Sie Ihre Gäste, speziell Freunde Ihrer Kinder, über diese Maßnahme.

## 5. Aktualisieren Sie die Firmware/Software Ihres WLAN-Routers

Durch Programmierfehler in der WLAN-Router-Software kann es vorkommen, dass beispielsweise durch WPA2 abgesicherte WLAN-Router trotzdem gehackt werden können. Vorgekommen ist dies beispielsweise im Jahr 2012 bei WLAN-Routern der Speedport Serie (W921V, W723V-Typ B, W504V). Um solche Fehler zu beheben, bieten Hersteller regelmäßig Firmware- oder Software-Updates an. Sichern Sie vorher die Konfiguration Ihres WLAN-Routers und spielen Sie immer zeitnah nach Veröffentlichung Software-Updates für Ihren WLAN-Router ein. Damit Sie über neue Software- oder Firmware-Updates informiert werden, sollten Sie prüfen, ob der Hersteller Ihres WLAN-Routers einen technischen

Newsletter anbietet, in dem auf neue Updates hinge-
wiesen wird. Trifft dies zu, dann abonnieren Sie diesen
Newsletter. Abonnieren Sie zusätzlich den Bürger-Cert-
Newsletter des Bundesamtes für Sicherheit in der Informationstechnik. Dieser informiert über bekannte Manipu-
lationsversuche auch gegen WLAN-Router und stellt
entsprechende Schutzmaßnahmen vor. Sie finden den
Newsletter unter www.buerger-cert.de.

## 6. Verändern Sie die voreingestellte SSID (WLAN-Name)

Verändern Sie immer den Namen/die SSID Ihres
WLANs. Häufig können über die voreingestellte SSID
Rückschlüsse gezogen werden, von welchem Hersteller
der Router stammt, teils sogar, welches Modell aus
welcher Serie eingesetzt wird. Damit ist es für Kriminelle
einfacher, mögliche Sicherheitslücken auszunutzen.
Verwenden Sie niemals Namen, Adressbestandteile,
Telefonnummer oder anderes, was einen Rückschluss
auf Sie ermöglichen würde.
Schalten Sie die SSID bitte auf unsichtbar, damit der
Name nicht bei jedem WLAN-Client angezeigt wird
(Hidden SSID).

## 7. Richten Sie einen MAC-Address-Filter ein

Die meisten guten WLAN-Router unterstützen die Sicher-
heitsfunktion MAC-Address-Filter. Mithilfe eines MAC-
Address-Filters können Sie bestimmen, welche Computer
oder Smartphones Ihr WLAN nutzen können.

## Wie funktioniert das?

Um auf ein Netzwerk zuzugreifen, benötigen Geräte wie Notebooks oder Smartphones Netzwerkkarten. Jede Netzwerkkarte hat eine weltweit eindeutige und statisch fest eingespeicherte Kennung, eine sogenannte MAC-Adresse. Die MAC-Adresse meiner WLAN-Netzwerkkarte sieht beispielsweise wie folgt aus: 24-77-03-2C-BC-00. Mithilfe dieser MAC-Adressen kommunizieren Netzwerkgeräte (Computer, Server, Handys, Smartphones usw.) miteinander.

Sie können die MAC-Adressen der Computer und Smartphones, die in Ihr WLAN dürfen, im WLAN-Router fest speichern. Versucht beispielsweise ein Notebook auf Ihr WLAN zuzugreifen, prüft der WLAN-Router, ob dessen MAC-Adresse im WLAN-Router hinterlegt ist oder nicht. Ist diese nicht hinterlegt, wird der Zugriff abgewiesen. Unabhängig davon, ob das richtige WLAN-Kennwort vorhanden ist oder nicht.

Achtung: MAC-Address-Filter bieten eine gute zusätzliche Sicherheit. Allerdings kann diese von erfahrenen IT-Spezialisten recht einfach umgangen werden. Trotzdem lohnt sich der Einsatz eines MAC-Address-Filters.

## 8. Nutzen Sie ein sicheres Kennwort für den Verwaltungszugang Ihres Routers

Schützen Sie den Zugriff auf das Verwaltungsmenü Ihres WLAN-Routers mit einem sicheren Kennwort. Das Kennwort sollte mindestens aus acht Zeichen bestehen und drei unterschiedliche Zeichentypen haben. Beispielsweise: MWLisgg)-

**Sie können sich das Kennwort nicht merken?**
Ich übrigens auch nicht. Trotzdem könnte ich das Kennwort im Schlaf schreiben. Ich merke mir prinzipiell keine Kennwörter, sondern Sätze. Das Kennwort „MWLisgg)-bedeutet: „Mein WLAN ist sehr gut gesichert)-". Ich verwende von solchen Sätzen meistens den ersten Buchstaben und versehe das Kennwort dann mit Zahlen und/oder Sonderzeichen. Den Satz kann ich mir sehr gut merken.

## 9. Konfigurieren Sie Ihren WLAN-Router nicht über das WLAN oder über das WAN

Wenn Sie auf das Verwaltungsmenü Ihres WLAN-Routers zugreifen, sollten Sie dies möglichst über ein LAN-Kabel und nicht über das WLAN machen. Viele WLAN-Router ermöglichen auch den Zugriff auf das Verwaltungsmenü ausschließlich über das interne Netzwerk. Sofern möglich, greifen Sie ausschließlich per verschlüsselter Verbindung (beispielsweise per SSL) auf das Verwaltungsmenü zu.

## 10. Schalten Sie Ihren WLAN-Router bei Nichtgebrauch ab!

Hört sich primitiv an, ist aber der sicherste Schutz, den es gibt: Wenn Sie nicht im WLAN aktiv sind, dann **schalten Sie es einfach ab** – der beste Schutz gegen Eindringlinge.

## Noch ein Tipp!

Wenn Sie die Konfiguration nicht allein machen können,
bitten Sie einen Freund, Bekannten oder einen EDV-Service
um Hilfe. Richten Sie dann mit diesen gemeinsam den WLAN-
Router ein. Erstellen Sie dabei eine Anleitung, wie das WLAN
eingerichtet wird. Sie können für das einfachere Verständnis
auch Bildschirmkopien der einzelnen Schritte erstellen. Auf der
Buch-Website www.tatort-www.de finden Sie für einige der
aufgeführten Gebote Videoanleitungen.

## Checkliste

Anbei habe ich Ihnen eine Checkliste erstellt. Sie können
diese zur Selbstkontrolle oder zur Kontrolle Ihres EDV-Dienst-
leisters verwenden. Wichtig: Lassen Sie sich unbedingt von
Ihrem Dienstleister unterschreiben, dass er alle Einstellungen
fachgerecht vorgenommen hat. Sollte er weitere Sicherheits-
vorkehrungen vorgenommen haben, so sollten diese auch
in die Checkliste eingetragen werden.

*Weitere Themen und Ergänzungen finden Sie immer aktuell
auf der Buch-Website www.tatort-www.de*

| Nr. | Sicherheitseinstellung/Maßnahme | erledigt | Datum, Kürzel |
|---|---|---|---|
| 1. | WPA2-Verschlüsselung eingestellt? | ☐ JA ☺☺☺<br>☐ NEIN ☹☹☹ | |
| 2. | Sicheres und langes WPA2-Kennwort verwendet? *(min. 30 Zeichen bestehend aus Sonderzeichen, Zahlen, kleinen und großen Buchstaben)*<br><br>Anzahl der Zeichen eintragen: | ☐ JA ☺☺☺<br>☐ NEIN ☹☹☹ | |
| 3. | WPS deaktiviert? | ☐ JA ☺☺☺<br>☐ NEIN ☹☹☹ | |
| 4. | Wurde ein Gastnetzwerk eingerichtet, das bei Bedarf für Besucher verwendet werden kann? | ☐ JA ☺☺☺<br>☐ NEIN ☹☹☹ | |
| 5. | Wurde die Software/Firmware des WLAN-Routers auf den aktuellsten Stand gebracht? | ☐ JA ☺☺☺<br>☐ NEIN ☹☹☹ | |
| 6. | Wie wird sichergestellt, dass neue Updates/Firmware zeitnah auf dem WLAN-Router installiert werden?<br><br>☐ Ich informiere den Kunden zeitnah über neue Updates und installiere diese. ☺☺<br><br>☐ Router installiert Updates/Firmware automatisch. ☺☺<br><br>☐ Der technische Newsletter des WLAN-Router-Herstellers informiert den Kunden über neue Updates/Firmware. ☺<br><br>☐ Der Kunde kümmert sich selbst um neue Updates/Firmware. ☺<br><br>☐ gar nicht ☹☹☹ | | |
| 7. | Haben Sie den WLAN-Namen (SSID) auf unsichtbar geschaltet? | ☐ JA ☺☺☺<br>☐ NEIN ☹☹☹ | |
| 8. | Haben Sie einen MAC-Filter eingerichtet? | ☐ JA ☺☺☺<br>☐ NEIN ☹☹☹ | |

| | | | |
|---|---|---|---|
| 9. | Haben Sie ein neues und sicheres Kennwort für alle Verwaltungszugriffe des WLAN-Routers erstellt?<br><br>Kennwortlänge: | ☐ JA ☺☺☺<br>☐ NEIN ☹☹☹ | |
| 10. | Wurde der Router so eingestellt, dass eine Konfiguration ausschließlich über das interne und kabelgebundene Netzwerk möglich ist und nicht über das Internet (WAN)? | ☐ JA ☺☺☺<br>☐ NEIN ☹☹☹ | |
| 11. | Haben Sie Ihrem Kunden gezeigt, wie er das WLAN deaktivieren kann, wenn er es nicht benötigt? Bitte üben Sie das Deaktivieren und Aktivieren mit Ihrem Kunden! | ☐ JA ☺☺☺<br>☐ NEIN ☹☹☹ | |

Hiermit versichere ich, die Einrichtung des WLANs bei meinem Kunden

_____ wohnhaft in _____

am _____ fachgerecht und nach dem neuesten Stand

der Technik eingerichtet zu haben.

_____

Vorname, Nachname

_____

Firma

_____

Datum, Ort, Unterschrift und Stempel

## Wiederkehrende Tätigkeiten

Dokumentieren Sie hier und überprüfen damit, ob Sie alle notwendigen, regelmäßig wiederkehrenden Sicherheitsmaßnahmen durchführen. Diese Checkliste können Sie auch von der Buch-Website unter www.tatort-www.de herunterladen.

### Änderung des WPA2-Kennwortes im WLAN (2x jährlich)

| Datum, Kürzel | Datum, Kürzel | Datum, Kürzel | Datum, Kürzel | Datum, Kürzel | Datum, Kürzel |
|---|---|---|---|---|---|
| Datum, Kürzel | Datum, Kürzel | Datum, Kürzel | Datum, Kürzel | Datum, Kürzel | Datum, Kürzel |

### Änderung des WPA2-Kennwortes im Gast-WLAN (2x jährlich, oder nach Weitergabe an Gäste)

| Datum, Kürzel | Datum, Kürzel | Datum, Kürzel | Datum, Kürzel | Datum, Kürzel | Datum, Kürzel |
|---|---|---|---|---|---|
| Datum, Kürzel | Datum, Kürzel | Datum, Kürzel | Datum, Kürzel | Datum, Kürzel | Datum, Kürzel |

### Kontrolle, ob neue Firmware-Updates für den Router vorhanden sind (4x jährlich)

| Datum, Kürzel | Datum, Kürzel | Datum, Kürzel | Datum, Kürzel | Datum, Kürzel | Datum, Kürzel |
|---|---|---|---|---|---|
| Datum, Kürzel | Datum, Kürzel | Datum, Kürzel | Datum, Kürzel | Datum, Kürzel | Datum, Kürzel |

### Änderung des Kennwortes für den Zugriff auf das Verwaltungsmenü (2x jährlich)

| Datum, Kürzel | Datum, Kürzel | Datum, Kürzel | Datum, Kürzel | Datum, Kürzel | Datum, Kürzel |
|---|---|---|---|---|---|
| Datum, Kürzel | Datum, Kürzel | Datum, Kürzel | Datum, Kürzel | Datum, Kürzel | Datum, Kürzel |

# 2.

# WEBCAM

# Der Spion in den eigenen vier Wänden

„Also Herr Konrad, dann sehen wir uns genau in einer Woche wieder – am Freitag um 17.00 Uhr", sagte Maren zu ihrem Patienten. Schnell trug sie den Termin ein und verabschiedete ihn mit einem freundlichen Lächeln.

„Endlich Wochenende", dachte sie und ging zu Anna, ihrer besten Freundin und Arbeitskollegin in den Personalraum von Paul's Physiotherapie-Praxis im Kölner Stadtteil Porz.

„Was freu ich mich jetzt auf ein ruhiges Wochenende! Bei dem Wetter mache ich keinen Schritt vor die Tür."

„Süße, du kannst mich doch nicht das ganze Wochenende alleine lassen!", sagte Anna mit gespielter Entrüstung. „Wie soll ich das überleben? Die ganzen Männer und Drinks müssen Sabine und ich dann ja ohne dich genießen."

„Sorry, aber ich muss sowieso dringend für meine Abschlussprüfung in Manueller Therapie lernen. Übrigens ist gestern endlich mein Badewannentisch für mein Notebook geliefert worden. Heute genieße ich den Abend mit einem heißem Schaumbad und lerne für die Prüfung. Das wird hoffentlich diese frostige Januarkälte aus meinen Knochen vertreiben!"

„Und morgen?"

„Geht leider auch nicht. Morgen kommt Christian zu mir. Er war ja drei Wochen lang auf diesem Lehrgang in Kopenhagen. Da wollen wir uns auf jeden Fall einen ruhigen Abend zu zweit machen."

„Na, diese ruhigen Abende kenne ich zur Genüge." Anna zwinkerte ihrer Freundin schelmisch zu, bevor sie wieder ihren traurig-wehleidigen Blick aufsetzte und meinte: „Schrecklich, ein Wochenende ohne dich! Dann gehört mir aber das nächste Wochenende, versprochen?"

„Also gut, versprochen!"

„Na dann, ein schönes Wochenende."

Zu Hause ließ Maren Wasser in ihre Wanne einlaufen, platzierte den neuen Tisch auf die Ränder ihrer Badewanne und stellte etwas zu essen und ein Glas Sekt neben ihr Notebook auf den Tisch. Nachdem sie Kerzen und Räucherstäbchen angezündet hatte, zog sie sich aus, schaltete das Licht aus und stieg in die Wanne. Mit geschlossenen Augen genoss Maren ein paar Minuten das Wasser und die Ruhe, bevor sie mit dem Lernen begann.

„Na mal sehen, was ich heute zu sehen bekomme." Der Spanner tippte einige Befehle in seinen Computer ein. Sekunden später erschienen ein paar Fotos auf dem Monitor. Voller Neugier sah er sich die Fotos an und lachte auf, als er eine junge Frau in einer Badewanne sitzen sah. Gierig klickte er auf das Foto und aktivierte damit die Aufnahme eines Videos über die im Computer der jungen Frau integrierte Webcam. „Das wird hübsch", feixte er und lehnte sich entspannt zurück, während er auf das erste Video wartete.

Auf Marens Notebook poppte eine Nachricht von ihrer Freundin Sabine auf: „Hallo, Maren, warum kommst du morgen nicht mit Anna und mir mit zur Party?"

„Morgen kommt Christan zu mir. Wir wollen uns einen gemütlichen Couchabend machen", antwortete Maren.

„Das hat Anna so ähnlich angedeutet. Allerdings meinte sie, ihr würdet eher wie zwei sexbesessene Kaninchen über einander herfallen."

„Anna sollte ihre Vermutungen lieber für sich behalten, sag ihr das", schrieb Maren belustigt zurück. „Sorry, aber ich muss jetzt Schluss machen, habe noch so viel zu lernen. Viel Spaß euch beiden und bis nächste Woche!"

„Dir auch und viele Grüße von Anna."

„Ach, das wird ja interessant. Dann hoffe ich mal, dass sie ihren Computer richtig platziert", dachte er, als er den Nachrichtenaustausch zwischen den beiden Frauen mitlas. Schnell tippte er einen Befehl, lud vom Computer der jungen Frau das erste Video herunter und startete es. „Was für geile Möpse die Alte hat", murmelte er. Als er sah, wie die junge Frau aufstand und kurz die Badewanne verließ, gab es für ihn kein Halten mehr ...

Am nächsten Abend zündete Maren kurz vor sechs Uhr einige Kerzen im Wohnzimmer an. Über die externen Lautsprecher ihres Notebooks ließ sie eine CD mit Lovesongs ablaufen. Die Heizung war hochgedreht, damit sie ohne zu frieren ihr figurbetontes schwarzes Cocktailkleid tragen konnte.

Als Christian mit seiner üblichen zehnminütigen Verspätung endlich ankam, umarmte und küsste sie ihn innig. Er zog Maren eng an sich. „Schön, endlich wieder in Köln und bei dir zu sein", raunte Christian ihr ins Ohr. Drei Wochen in Kopenhagen waren lang genug. Christian schnupperte und fragte Maren: „Mhm, sag mal, was riecht denn hier so lecker? Hast du etwa gekocht?"

Kopfschüttelnd verneinte Maren die Frage und sagte nur: „Lieferservice Pronto Antonio" und zog Christian ins Wohnzimmer. Nach dem Abendessen kuschelten sich die beiden auf die Couch. Es blieb nicht lang beim Kuscheln ...

Eine Woche später saß Maren mit ihren Freundinnen im Gaffel am Kölner Dom. Sabine, die für eine Eventagentur arbeitete, erzählte begeistert von einem Vortrag über IT-Sicherheit, den sie im Auftrag einer Bank für deren VIP-Kunden organisiert hatte.

„Mädels, das war echt irre. Zuerst hab ich gedacht, das wird mal wieder so ein langweiliger Vortrag über Internetsicherheit. Aber der

Referent war ein waschechter Hacker und hat alle richtig geschockt, mich eingeschlossen. Wir haben ganz schön Augen gemacht!"

„Wieso?", wollte Anna wissen, „was hat er denn angestellt?"

„Der Vortrag ging los, wir haben uns hingesetzt. Kaum saßen alle, da hatte er fast hundert Handys der Leute im Saal aufgespürt. Mit dem Beamer projizierte er die Namen der Handybesitzer auf die Leinwand." Dann führte er vor, wie schnell er Handys und Smartphones hacken kann. Sind die erst einmal gehackt, kann man problemlos SMS-Nachrichten mitlesen und Telefonate abhören."

Die Freundinnen sahen Sabine mit großen Augen an. „Klingt irgendwie gruselig", sagte Maren.

„Es geht noch weiter. Der Hacker suchte dann einen Freiwilligen. Ich habe mich gemeldet. Er sagte, ich solle in meinem Notebook bitte mal Outlook aufmachen. Dann fragte er mich, woher ich denn so im normalen Leben eigentlich weiß, von wem eine E-Mail im Posteingang stammt. Ich sagte ihm, dass ich das doch am Absender sehen kann. Daraufhin grinste er und fragte mich, von wem ich gerne eine E-Mail bekommen würde. Aus Spaß sagte ich: ‚von Angela Merkel' – denn für die hatten wir vor einigen Wochen eine Veranstaltung in Berlin organisiert."

Sabine holte kurz Luft, sah ihre Freundinnen an und fuhr fort: „Nach einigen Sekunden hatte ich dann auf einmal eine E-Mail im Posteingang – Absender: Dr. Angela Merkel. In der Anlage war ein PDF-Dokument, das ich dann auch geöffnet habe. Das PDF sah total echt aus, mit Bundesadler und allem Pipapo. Plötzlich haben um mich herum alle gelacht. Ich habe dann vom Notebook aufgesehen. Da war ich doch glatt auf der Großbildleinwand zu sehen, irre!

Der Hacker hatte dadurch, dass ich das PDF-Dokument geöffnet hatte, die Webcam in meinem Notebook fernsteuern können und machte damit eine Videoaufnahme von mir. Alle sechshundert Teilnehmer konnten mich auf der Leinwand sehen!"

Gespannt sah Sabine Maren und Anna an.

„Und dann wurde es gruselig. Der Hacker sagte: ,Und jetzt stellen Sie sich mal vor, wie viel Spaß ein perverser Krimineller haben kann, wenn Sie eine hübsche junge Frau sind, die den Laptop im Schlafzimmer stehen hat oder die ihn zum gemütlichen Surfen mit in die Badewanne nimmt ...' Ich hab dann gesehen, dass jede Menge Frauen auf einmal komisch geschaut haben. Scheinbar haben sich da etliche wiedererkannt."

„Und so was passiert wirklich?", wollte Anna wissen.

„Der Hacker hat erzählt, dass im Dezember 2010 ein 44-Jähriger aus Düren wegen so was verurteilt wurde. Der Mann hatte in fast hundert Fällen Computer von Mädchen und jungen Frauen mit Trojanern infiziert und dann immer wieder heimlich mit der Webcam Aufnahmen von ihnen gemacht. Der Typ hatte die Videos und Fotos seiner Opfer auf seinem eigenen Computer gespeichert. Er hat die Frauen nicht nur ganz normal vor dem Computer gefilmt, sondern auch in der Badewanne, auf Toilette, beim An- und Ausziehen und sogar beim Sex! Ist das nicht schrecklich, Mädels?"

„O mein Gott! Kann man das irgendwie merken?", fragte Maren besorgt.

„Er hat gesagt, dass man das am ehesten durch das Leuchten der kleinen LED-Leuchte neben der eingebauten Webcam bemerkt. Die dürfte nämlich nur dann leuchten, wenn ein Programm oder Trojaner auf die Webcam zugreift."

„Aber eine Antivirensoftware würde doch verhindern, dass sich ein solcher Trojaner installieren kann, oder nicht?" Hoffnungsvoll sahen Maren und Anna ihre Freundin an.

„Die Frage hatte natürlich auch jemand gestellt. Daraufhin hat der Hacker einen Virus aus dem Internet geladen. Es gibt wohl Seiten, auf denen man die einfach so herunterladen kann. Dann hat er uns live gezeigt, wie er den Virus ganz einfach so tarnen kann, dass dieser von den meisten Antivirenprogrammen nicht mehr erkannt wird."

„Ach du Schande. Also kann man gar nix machen?"

„Er hat gesagt, es gibt einige Möglichkeiten, sich sinnvoll zu schützen, die auch ganz einfach sein können. Zum Beispiel schlicht und einfach einen Aufkleber über die Kamera zu kleben."

Maren wurde kreideweiß und hielt sich am Tisch fest. „He, Maren, was ist denn los?", fragte Anna besorgt. „Ist dir schlecht?"

„O Gott, bitte nicht", stöhnte Maren. Ihre beiden Freundinnen sahen sie besorgt an. „Maren, was hast du? Los, sag schon!"

„Ich habe doch zu Weihnachten das kleine Notebook von meinem Vater geschenkt bekommen. Seit ein paar Wochen leuchtet die Lampe neben der Webcam andauernd und ich habe sie nicht ausbekommen", erklärte Maren mit zittriger Stimme. „Ich habe das Notebook letzte Woche beim Baden dabeigehabt und am Samstag, als Christian mich besucht hat, o Gott! Was, wenn ich so einen Trojaner habe und ein Perverser mich gefilmt hat?"

„He, jetzt beruhige dich erst einmal. Deine Webcam hat bestimmt nur einen Defekt", versuchte Anna ihre Freundin zu beruhigen. „Bitte doch Christian morgen, dass er dein Notebook mal untersucht. Der kennt sich doch damit aus", forderte Sabine Maren auf.

Maren schickte sofort eine SMS an Christian und bat ihn, ihr am nächsten Tag bei einem Problem mit einem potenziellen Virus auf dem Computer zu helfen. Er kam natürlich vorbei.

„Hallo, Süße, was ist denn so dringend? Gibt's ein Problem?"

Maren erzählte ihrem Freund von dem Gespräch am Vorabend und von ihrer Sorge wegen der LED-Leuchte an ihrem Laptop.

„Das klingt nicht gut", sagte Christian. „Hast du eine Antivirensoftware installiert?" „Ja natürlich, aber der Referent in Sabines Vortrag hat demonstriert, wie einfach Trojaner sich vor Antivirenprogrammen tarnen können."

„Hmmmm ... Lass mich mal kurz mit meinem Notebook ins Internet. Deins solltest du vorerst ausgeschaltet lassen." Nach einiger Recherche im Internet hatte Christian eine Anleitung entdeckt, wie Viren und Trojaner auch von Laien gefunden werden können, wenn sich diese vor der installierten Antivirensoftware tarnen. Christian untersuchte Marens Notebook mithilfe der Anleitung aus dem Web und wurde schnell fündig. Ein Trojaner hatte sich auf ihrem Notebook eingenistet. Der Trojaner war als Bilddatei getarnt im Namen von Anna an Maren gesendet worden. Selbstverständlich hatte Maren keine Verdacht geschöpft und die Datei einfach geöffnet. Dass sich dabei ein Trojaner installierte, hatte sie nicht bemerkt.

Als Christian den Namen des Trojaners hatte, suchte er im Internet nach einer Beschreibung, was dieser Schädling genau macht.

„Oha, der hat es in sich", sagte er, nachdem er eine Beschreibung gefunden und gelesen hatte. „Das Ding aktiviert heimlich die Webcams auf infizierten Computern und macht dann Videoaufnahmen."

„Wie können wir überprüfen, ob er auch Videoaufnahmen von mir gemacht hat?", fragte Maren besorgt.

„Das ist einfach, der Trojaner speichert die Videos auf der Festplatte des infizierten Computers in einem temporären Ordner. Den sollten wir finden. Lass mich kurz den Trojaner entfernen, dann starte ich dein Notebook neu und wir suchen nach den Videos."

Maren und Christian fanden Videos. Als sie sich diese ansahen, brach Maren weinend zusammen. Christian war geschockt. Die ersten Videos zeigten Maren am Freitagabend vor einer Woche beim Baden. Zwei weitere Videos zeigten Maren, wie sie vor dem Computer saß. Völlig bedient war Maren, als Christian das vierte Video öffnete. Darauf waren Maren und Christian zu sehen, wie sie anfänglich im Wohnzimmer aßen und dann später auf die Couch umzogen ...

## Kommentar

*Leider konnte Maren nicht überzeugt werden, diese Straftat zur Anzeige zu bringen, da sie es nicht verkraftet hätte, dass noch mehr fremde Menschen die Videos von ihr angesehen hätten.*

*Bisher liegen keine Erkenntnisse vor, dass diese Videos im Internet auf pornografischen Webseiten kursieren. Leider kann dies immer noch jederzeit passieren.*

*Sie sollten niemals die Möglichkeiten solcher Trojaner („Trojanische Pferde" oder Manipulationsprogramme) unterschätzen. Die Auswirkungen können fatale Folgen, auch für private Internetnutzer, haben. Angefangen bei Diebstahl von Zugangsdaten für Internetdienste wie Amazon, Ebay, 1und1, PayPal; über das Manipulieren Ihres Onlinezahlungsverkehrs per Onlinebanking oder Kreditkarte; bis hin zu hochprofessionellen Manipulationsprogrammen wie dem Trojaner Stuxnet, der sogar in der Lage war, das iranische Atomanreicherungsprogramm zu sabotieren. Leider ist das erst der Anfang des Eroberungszuges der digitalen Kriminalität in unserer Welt. Schützen können wir uns nur selbst. Dabei helfen Überwachungsmaßnahmen des Staates erfahrungsgemäß herzlich wenig.*

*Bedenken Sie, neue und professionelle Trojaner werden zumindest in der ersten Zeit von Antivirenprogrammen häufig nicht erkannt. Als ein schönes Anschauungsbeispiel habe ich folgende mit einer Schadsoftware versehene E-Mail genommen. Die E-Mail habe ich am Montag, den 15. April 2013 erhalten. Sofort habe ich die E-Mail-Anlage (1_1 Telecom GmbH – Ihre Rechnung.zip) in das Internetportal www.virustotal.com hochgeladen.*

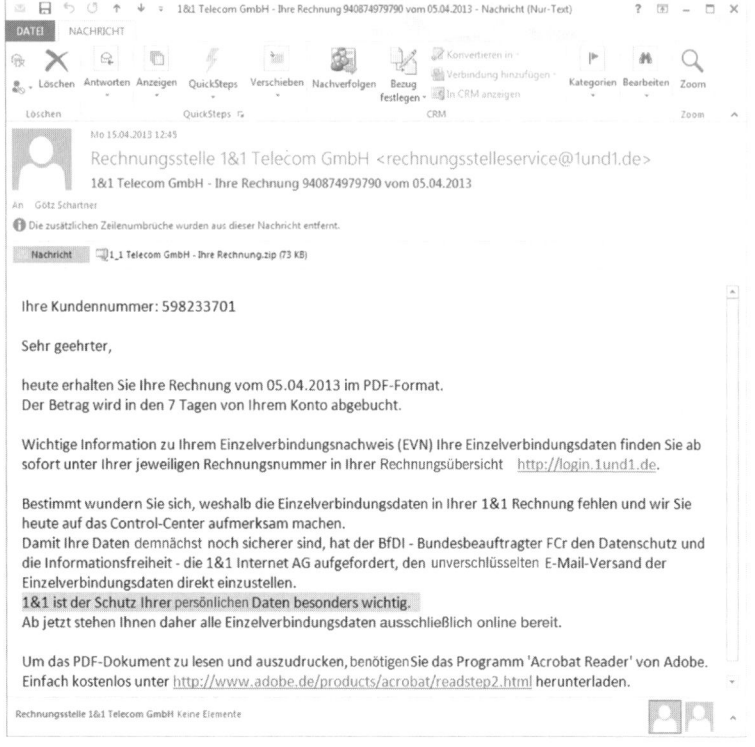

Die Überprüfung der Anlage durch 45 verschiedene Antivirenprogramme ergab um 11.04 Uhr, dass acht Antivirenprogramme erkannt hatten, dass es sich um einen Trojaner handelt. 37 Antivirenprogramme haben dies leider nicht erkannt.

Dateiname:      1_1 Telecom GmbH - Ihre Rechnung.zip

Erkennungsrate:  8 / 45

Analyse-Datum:  2013-04-15 11:04:56 UTC ( vor 0 Minuten )

*Um 18.37 Uhr am gleichen Tag habe ich die E-Mail-Anlage nochmals hochgeladen. Sie sehen das Ergebnis. Immerhin haben 19 von 47 Antivirenprogrammen erkannt, dass es sich um einen Trojaner handelt.*

SHA256          59ca98df8415a333c263a3fdc715cbddc1a0ae7fbd9cdc3f778ab750c8b1a0f6

Dateiname        1_1 Telecom GmbH - Ihre Rechnung.zip

Erkennungsrate    19 / 47

Analyse-Datum    2013-04-15 18:37:56 UTC ( vor 0 Minuten )

*Aus diesem Grund sollten Sie dringend mehr für die Sicherheit Ihres Computers und damit auch für Ihre persönliche Sicherheit unternehmen, als nur Antivirenprogramme und Firewalls zu installieren. Im Kapitel 6 habe ich Ihnen ausführlich die zehn wichtigsten Maßnahmen beschrieben, die Sie ergreifen sollten, um sich sinnvoll vor Viren, Trojanern und Hackern zu schützen.*

*Weitere Themen und Ergänzungen finden Sie immer aktuell auf der Buch-Website www.tatort-www.de*

# SCHUTZMASSNAHMEN FÜR IHRE WEBCAM

Denken Sie immer daran: Eine Webcam ist ein Fenster in die digitale Welt, welches von beiden Seiten aus eingesehen werden kann. Prinzipiell sollte zwar der ordentlich konfigurierte Computer einen „Sichtschutz" gegen ungewollte Beobachter bieten, aber seien Sie sich immer bewusst, dass es keine hundertprozentig sicheren Computer gibt.
Schützen Sie also Ihre Privatsphäre durch ein paar einfache Maßnahmen.

## 1. Abziehen

Verwenden Sie eine externe Webcam, beispielsweise eine, die an den USB-Port an Ihren Computer angeschlossen wird? Dann ziehen Sie die Webcam nach Gebrauch einfach ab.

## 2. Abkleben

Integrierte Webcams können natürlich nicht abgezogen werden. Kaufen Sie sich beispielsweise im Bürozubehör kleine runde Aufkleber, die Sie auf die Webcam kleben, wenn Sie diese nicht benutzen. Achten Sie darauf, dass sich der Aufkleber leicht vom Notebook lösen lässt und keine Rückstände auf dem Notebook verbleiben und die Klebfläche Ihr Notebook nicht angreift.
Beschaffen Sie sich am besten gleich einen kleinen Vorrat solcher Aufkleber.

### 3. Zuklappen

Sofern Sie ein Notebook benutzen, sollten Sie sich angewöhnen, das Notebook nach Gebrauch zuzuklappen. Sie verhindern damit zwar nicht, dass Sie bei Gebrauch des Computers gefilmt werden können, aber zumindest nach Gebrauch ist die integrierte Webcam nicht mehr in der Lage, Sie zu filmen. Alternativ: Notebook zur Wand drehen.

### 4. Deaktivieren

Sofern Sie Ihre Webcam niemals verwenden, deaktivieren Sie einfach die Webcam im Gerätemanager. Beachten Sie, dass ein gewiefter Trojaner dies prüfen und gegebenenfalls wieder aktivieren könnte.

### 5. Sichern

Sichern Sie Ihren Computer gemäß den Anleitungen im Kapitel 6 ab Seite 177 ff.

# 3.

# ONLNE-
# BANKING

# Auch Rechtsanwälte sind nur Menschen

„Gott sei Dank ist heute Mittwoch", dachte Simone Müller. Sie arbeitete bei der Onlinebanking-Hotline des Kölschen Bankhauses. Wiederholt schaute sie auf die Uhr. „Nur noch zwei Stunden, dann ist endlich Schluss für heute", freute sie sich. Heute waren fast nur schwierige Kunden am Telefon gewesen. Gerade wollte sie sich zu einer Kollegin umdrehen, als ihr Telefon klingelte. „Kölsches Bankhaus, mein Name ist Simone Müller, was kann ich für Sie tun?"

„Rechtsanwalt Lindemeier hier! Sagen Sie mal, was erlauben Sie sich eigentlich!", dröhnte es aggressiv an ihr Ohr. „Wie können Sie es wagen, mir so etwas zuzumuten? Das werden Sie bereuen ... eine Unverschämtheit! Ich werde mich über Sie beschweren!", brüllte es weiter aus der Leitung. Simone Müller wartete geduldig darauf, bis der Anrufer Dampf abgelassen hatte. Das dauerte jedoch.

Rechtsanwalt Lindemeier hatte einen extrem schlechten Tag hinter sich: Bei einer Verhandlung vor dem Arbeitsgericht hätte er beinahe einen wichtigen Mandanten und Freund verloren, seinen Golfpartner Jürgen Michel. Der hatte eine Mitarbeiterin fristlos entlassen, die er beim Griff in die Portokasse erwischt hatte. Doch Anwalt Lindemeier hatte bei seiner Beratung übersehen, dass es für die Tat keine Zeugen gab. So stand vor Gericht Aussage gegen Aussage und es kam zum Vergleich. Michel musste der Mitarbeiterin eine Abfindung zahlen, damit sie der Kündigung zustimmt.

Nach der Verhandlung waren Rechtsanwalt und Mandant gemeinsam zum Mittagessen gegangen und Michel hatte seinen Anwalt vor die Wahl gestellt, die Kosten für den vor Gericht geschlossenen Vergleich in der Höhe von 15.000 Euro zu übernehmen, oder ihn und seine Firma als Mandanten zu verlieren. Zähneknirschend hatte Lindemeier dem Vorschlag zugestimmt, da er tatsächlich einen Beratungsfehler gemacht hatte.

Nachdem sich sein Mandant nach diesem sehr unerfreulichen Mittagessen verabschiedet hatte, raste Dr. Lindemeier in seinem neuen Porsche Cabrio zurück in die Kanzlei. Wütend dachte er über den Tagesverlauf nach und schreckte auf, als er den roten Blitz sah. „Verdammt, was für ein Tag", schimpfte er. „Das gibt Punkte! Mindestens dreißig Stundenkilometer zu schnell. Hoffentlich ist der Führerschein nicht weg!"

Zornig und frustriert stürmte er in die Kanzlei und wurde von seiner Assistentin aufgehalten: „Herr Dr. Lindemeier, Sie haben gerade eine E-Mail von Ihrer Hausbank bekommen. Irgendein Sicherheitsvorfall, um den Sie sich dringend persönlich kümmern müssen", sagte sie aufgeregt. „Ihr Konto wurde gesperrt."

„Mein Konto wurde gesperrt? Spinnt die Bank? Ich rufe sofort an, die können was erleben!"

Wütend stampfte er in sein Büro. Ungeduldig trommelte er auf seinen Schreibtisch, während er darauf wartete, dass sein Computer hochfuhr. Danach checkte er den E-Mail-Eingang und öffnete die von seiner Assistentin bereits angekündigte Nachricht seiner Hausbank. Verdutzt las er den Inhalt:

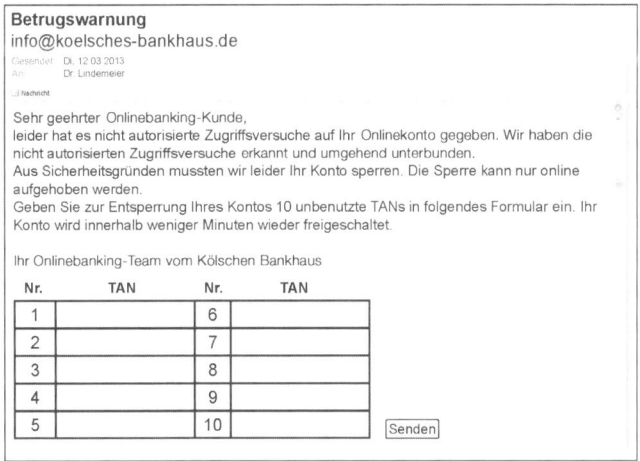

**Betrugswarnung**
info@koelsches-bankhaus.de
Gesendet: Di. 12.03.2013
An: Dr. Lindemeier

.: Nachricht

Sehr geehrter Onlinebanking-Kunde,
leider hat es nicht autorisierte Zugriffsversuche auf Ihr Onlinekonto gegeben. Wir haben die nicht autorisierten Zugriffsversuche erkannt und umgehend unterbunden.
Aus Sicherheitsgründen mussten wir leider Ihr Konto sperren. Die Sperre kann nur online aufgehoben werden.
Geben Sie zur Entsperrung Ihres Kontos 10 unbenutzte TANs in folgendes Formular ein. Ihr Konto wird innerhalb weniger Minuten wieder freigeschaltet.

Ihr Onlinebanking-Team vom Kölschen Bankhaus

| Nr. | TAN | Nr. | TAN |
|---|---|---|---|
| 1 | | 6 | |
| 2 | | 7 | |
| 3 | | 8 | |
| 4 | | 9 | |
| 5 | | 10 | |

Senden

„Was für eine Frechheit, die können was erleben", schimpfte er vor sich hin und sah auf seine Uhr. „Erst kurz nach zwei. Die haben wohl noch Mittagspause", knurrte er, gab dann die geforderten zehn TANs in das E-Mail Formular ein und klickte auf „Absenden". Danach versuchte er, sich auf einen Schriftsatz zu konzentrieren, der dringend fertiggestellt werden musste.

Gegen drei Uhr nachmittags nahm Lindemeier schließlich den Telefonhörer zur Hand und wählte die Rufnummer des Onlinebanking-Teams der Kölschen Bank.

Nach zweimaligem Klingeln meldete sich eine Mitarbeiterin: „Kölsches Bankhaus, mein Name ist Simone Müller, was kann ich für Sie tun?"

„Rechtsanwalt Lindemeier hier! Sagen Sie mal, was erlauben Sie sich eigentlich! Wie können Sie es wagen, mir so etwas zuzumuten? Das werden Sie bereuen ... eine Unverschämtheit! Ich werde mich über Sie beschweren!"

„Entschuldigen Sie, Herr Lindemeier, ich weiß nicht, wovon Sie sprechen. Könnten Sie mir bitte kurz erläutern, worum es geht?", fragte die Bankmitarbeiterin höflich.

„Dr. Lindemeier, bitte", schnauzte er die Bankangestellte an. „Wie können Sie es wagen, von mir zu verlangen, dass ich zehn TAN-Nummern in ein E-Mail-Formular eingeben soll. Können Sie Ihre Arbeit nicht selbst machen", brüllte er zornig ins Telefon. „Sie können mir glauben, ich habe etwas anderes zu tun, als für Sie Sekretariatsdienste zu leisten. Eins sage ich Ihnen! Dieses eine Mal habe ich diesen Blödsinn mitgemacht. Wagen Sie es nicht, so etwas nochmal von mir zu verlangen! Haben Sie das verstanden?", schnauzte er Simone Müller an.

„Ähemm, Herr Dr. Lindemeier, entschuldigen Sie, nur zum Verständnis: Sie haben eine E-Mail von uns erhalten?"

„Ja."

„Und Sie wurden aufgefordert, zehn TANs in ein E-Mail-Formular einzugeben?"

„Ja-a."

Und Sie haben die zehn TANs dann wirklich eingegeben?"

„Ja, das habe ich doch nun schon mehrfach gesagt!"

## Kommentar

*Diese Geschichte geschah im Jahr 2010. Mit dem Rechtsanwalt konnte ich telefonieren. Er stimmte der Veröffentlichung zu, sofern diese anonym erfolgt. Entsprechend habe ich alle Namen und Orte geändert.*

*Der Rechtsanwalt wäre unter normalen Umständen nicht auf eine solch primitive E-Mail hereingefallen. Es kam dazu, weil er in einer emotionalen Situation kalt erwischt wurde. Fehler passieren allen Menschen. Allerdings sollte man bei Bankgeschäften immer wachsam sein und stutzig werden, wenn einem etwas seltsam vorkommt. Rufen Sie im Zweifelsfall Ihre Bank an und fragen Sie nach. Übrigens wird Ihnen Ihre Bank NIEMALS eine E-Mail mit der Aufforderung zur Eingabe von vertraulichen Daten zusenden!*

# Liebe macht blind

Martin Saarländer strahlte vor Freude, als er seinem Arbeitskollegen Thomas bei den Stadtwerken Hannover von dem abendlichen Chat mit Nadja, einer Russin, erzählte.

„Thomas, Nadja ist echt total nett. Anfangs war sie sehr schüchtern und zurückhaltend. Was bei den komischen Typen, die sich auf Kontaktbörsen tummeln, ja auch nicht ungewöhnlich ist. Aber inzwischen ist sie richtig aufgetaut."

„Wie alt ist Nadja, wo wohnt sie und hast du ein Foto von ihr dabei?", wollte Thomas wissen.

„Nadja ist dreißig und leider wohnt sie in Sibirien, in Irkutsk. Ein Foto habe ich bisher noch nicht, wir chatten ja nur", grinste er seinen Freund an. „Seit ich Nadja kenne, fange ich wieder an zu leben, auch wenn es bisher nur ein virtuelles Kennen ist."

„Wurde ja auch Zeit, dass du endlich mal eine neue Frau kennenlernst und aufhörst, Monika nachzutrauern", meinte Thomas erleichtert. Er hoffte ehrlich, dass es seinem Freund und Arbeitskollegen endlich gelingen würde, seine Exfrau Monika zu vergessen. Monika Saarländer war vor zwei Jahren mit einem zwanzig Jahre älteren Mann durchgebrannt. Heute sah Thomas seinen Arbeitskollegen das erste Mal seit seiner Trennung wieder lächeln.

„Das Beste ist, ich kann mit Nadja über alles sprechen. Sie liebt auch Tolkien und Tom Clancy. Wir haben gestern fast zwei Stunden über die Szenen in ‚Rückkehr des Königs‘ diskutiert," erzählte Martin begeistert.

„Glauben Sie mir, Herr Wohlfahrt, mit dem BMW ActiveHybrid 5 haben Sie das Beste, was der Automarkt derzeit hergibt. Der Wagen hat volle 306 PS. Von null auf hundert braucht er nur fünf Komma neun Sekunden. Und jetzt kommt es: Jedes Auto, das eine solche

Leistung bringt, ist normalerweise eine Umweltsünde. Unser Active-Hybrid 5 aber nicht! Der hat beeindruckend niedrige Verbrauchs- und Emissionswerte. Innerstädtisch verbraucht er nur fünf Komma sieben bis sechs Komma zwo Liter auf hundert Kilometer", argumentierte der Kundenberater des Autohauses in Mannheim begeistert. „Und, wie gesagt, die Bank hat der Finanzierung zugestimmt, wenn Sie, wie vereinbart, zwanzigtausendfünfhundert Euro anzahlen." Gespannt sah er Sven Wohlfahrt an.

Noch unschlüssig überlegte Sven, ob er den brandneuen 5er BMW kaufen sollte. Sein verstorbener Onkel hatte ihm etwas über 30.000 Euro hinterlassen. Schon immer hatte Sven von einem neuen 5er BMW geträumt. Bisher konnte er sich nur Modelle leisten, die mindestens zehn Jahre auf dem Buckel hatten.

Nur hatte er seiner Lebenspartnerin Corinna versprochen, mit ihr einen vierwöchigen Urlaub auf den Malediven zu verbringen. Typisch für Corinna, hatte sie gleich eine Reihe von Angeboten aus einem Reisebüro geholt. Sofort verliebt hatte sie sich in das Sheraton Maledives Resort Hotel. Der Urlaub dort sollte aber immerhin 14.000 Euro kosten.

„Warum ist sie nicht mit einem Mallorca-Urlaub zufrieden", dachte er genervt. Dabei war er eigentlich nicht auf Corinna, sondern auf sich selbst sauer. Hätte er doch Corinna bloß nichts von der Erbschaft erzählt. Nun war es zu spät. Er sah wieder auf die Verkaufsprospekte und dann zum Vorführmodell rüber. „Ein fantastisches Auto", schwärmte er.

„Also, Herr Wohlfahrt, dann lassen Sie uns die Kauf- und Finanzierungsverträge doch gleich fertig machen", drängte der Verkäufer seinem Kunden. Sven Wohlfahrt zögerte noch kurz, dann nickte er zustimmend.

Eine Stunde später verließ er glücklich das Autohaus. Gedämpft wurde die Freude, als er an den Abend dachte. „Wie soll ich das bloß

Corinna beibringen", überlegte er nervös. „Schließlich kann ich keinen 14.000 Euro teuren Urlaub machen und gleichzeitig das Auto bezahlen. Vielleicht kann ich sie ja doch zum Spanienurlaub überreden?" Ihm war ziemlich mulmig zumute bei der Vorstellung, wie seine Lebensgefährtin wohl reagieren würde, wenn ihr Traum vom Maledivenurlaub platzte.

In einem finsteren Hinterhof der Kazanskaya in Sankt Petersburg fragte Boris den verängstigten Vladimir: „Hast du das verstanden?"

„Ja, ich gehe einfach zur Post an den Western-Union-Schalter und zeige die Transaktionsnummer vor. Wenn der Typ fragt, wie ich zu so viel Geld komme, sage ich, dass mein Schwager derzeit in Berlin lebt und mir das Geld leiht, damit ich meine Schulden bezahlen kann."

„Okay, was machst du, wenn dich die Polizei befragt oder verhaftet?", fragte Boris.

„Eh, das haben wir doch schon tausendmal durchgesprochen! Ich behaupte, dass eine Frau mir zweihundert Rubel gegeben hat, damit ich das Geld abhole, weil sie Angst hat, ihr Alter könnte ihr dort auflauern."

„Und was passiert, wenn du der Polizei doch von mir erzählst?", grinste er den Junkie an, während er sein Armeemesser vor Vladimirs Gesicht hielt.

„Mensch, das weiß ich, du oder ein anderer schneidet mir die Kehle durch", stotterte Vladimir.

„Stimmt, aber nur fast, zuerst schneiden wir dir deine Finger einzeln ab, Stück für Stück. Sonst hast du nichts davon", grinste Boris. „Also, dann renn mal los und hol mir mein Geld!"

Nach fünfzig Minuten tauchte Vladimir wieder auf. „Ich hab das Geld bekommen. Der Typ am Schalter hat nicht mal nachgefragt," japste Vladimir völlig außer Atem. „Bekomme ich jetzt das Geld, wie versprochen?"

„Erst wenn ich sicher bin, dass dir niemand gefolgt ist", erwiderte Boris kalt, während er Vladimir den Umschlag mit dem Geld abnahm. Nacheinander rief er seine beiden Wachposten an und fragte, ob jemand Vladimir gefolgt sei, was beide verneinten. Daraufhin warf er ihm ein Bündel Scheine vor die Füße und war verschwunden, bevor Vladimir das Geld eingesammelt hatte.

Als Martin am Abend zu Hause ankam, schaltete er sofort seinen Computer ein. „Nadja, bist du online?", fragte Martin erwartungsfroh im Chat der Online-Kontaktbörse, in der er Nadja kennengelernt hatte.

„Hallo, Martin, schön das du endlich online bist", antwortete Nadja. „Ich habe schon auf dich gewartet. Wie war dein Tag?"

„Bis jetzt langweilig, aber mit dir wird der Tag etwas Besonderes", flirtete er drauflos.

„Das ist lieb, Martin, und das tut mir gut. Mein Tag gestern war schrecklich. Wieder war einer meiner Lehrgangsteilnehmer nach dem Mittagessen betrunken. Der hat dann den Unterricht gestört. Als ich ihn bat, den Kurs zu verlassen, wurde er wirklich gemein zu mir."

„So früh betrunken, und dann noch während eines Lehrgangs? Passiert so etwas bei euch öfter?"

„Die Männer hier in Russland sind so anders. Sie trinken viel Wodka. Erst werden sie primitiv und dann gewalttätig. Mein Exmann war genauso. Andauernd hat er getrunken. Häufig kam er schon betrunken von der Arbeit. Dann hat ihm das Essen nicht geschmeckt und er hat mich häufig geschlagen. Hätte ich nur auf meine Mutter gehört. Die hat immer gesagt, ich soll einen älteren Mann heiraten. Ältere Männer fangen nicht mehr an zu trinken, wenn sie es nicht schon getan haben. Das hat meine Mutter immer gesagt."

„Das tut mir leid, Nadja. Ich wusste nicht, dass du eine so schlimme Ehe hattest", schrieb Martin.

„So passen wir doch irgendwie zusammen. Meine Ehe war ein Albtraum und das Ende war eine Erlösung. Deine Ehe war gut und das Ende war ein Albtraum. Jetzt müssen wir nur noch heiraten und werden eine gute Ehe führen. Die Ehe wird ein gutes Ende haben, wenn wir irgendwann sterben", versuchte Nadja zu witzeln.

„Genau, das wäre doch was", schrieb Martin zurück.

„Aber zuerst möchte ich wissen, wie du überhaupt aussiehst, mein Lieber. Im Ernst, Martin, ich habe noch nie einen Mann kennengelernt, mit dem ich so gut reden – oder in unserem Fall schreiben kann. Ich fühle mich bei dir geborgen, ein Gefühl, das ich noch nie bei einem Mann hatte. Bitte maile mir ein Foto von dir", schrieb Nadja.

Martin war von den Worten gerührt, aber auch verunsichert. Schließlich war Nadja erst 30 Jahre alt und er schon 41. Dazu kam, dass er inzwischen einen sichtbaren Bauchansatz hatte und sein Haar langsam zurückging. Da er Nadja aber nicht verlieren wollte, antwortete er ihr umgehend: „Gerne, einen kleinen Augenblick, ich suche schnell eins." Fast schon panisch suchte Martin auf seinem Computer nach einem Foto, auf dem er noch etwas jünger und vorteilhafter wirkte. Nach einigen Minuten fand er ein fünf Jahre altes Urlaubsbild.

Mit Spannung erwartete er Nadjas Reaktion. Die Minuten verstrichen und er wurde langsam nervös, als er immer noch keine Antwort von Nadja erhalten hatte. „Sicherlich ist Nadja von meinem Aussehen enttäuscht. Das war doch eigentlich klar", dachte Martin frustriert. Nach zwanzig Minuten kam endlich eine Antwort von Nadja. Unter starkem Herzklopfen öffnete er die Nachricht.

„Hey, Martin, entschuldige die Wartezeit, aber ich hatte noch einen Anruf. Ich muss sagen, dass ich dachte, dass du anders aussiehst. Ich hatte schon befürchtet, du wärst so ein typischer Jüngling. Gott sei Dank ist das nicht so. Du gefällst mir und siehst aus wie ein süßer gutmütiger Bär", schrieb Nadja. „Warte, ich sende dir ein Foto von mir, ich hoffe es gefällt dir!"

Nach einigen Minuten blinkte in Martins Posteingang der Kontaktbörse eine neue Nachricht auf. Gespannt öffnete er das beigefügte Foto.

„Wow, sexy", pfiff er vor sich hin, nachdem er das Foto von Nadja geöffnet hatte: „Nadja, du siehst fantastisch aus, dein Lächeln, deine Augen!"

„Danke, aber gefällt dir der Rest nicht?" kam schelmisch als Antwort zurück. „Bei uns ist es jetzt schon sieben Uhr morgens, Martin. Ich muss jetzt los zur Arbeit. Schlaf gut", schrieb Nadja.

Am Abend wartete Sven nervös in der gemeinsamen Wohnung auf Corinna, die montags immer länger im Büro zu tun hatte. Um seine Lebensgefährtin milde zu stimmen, hatte er im Wohnzimmer ein Dutzend Kerzen angezündet. Beim Sushi-Service hatte er zwei große Sushi Bent bestellt und den Esstisch liebevoll dekoriert. In der Mitte des Tisches thronte eine Champagnerflasche in einem Kühler. Daneben lag eine kleine viereckige Box mit einem Kettenanhänger in Form eines geflügelten Herzens von einer teuren Lifestyle-Marke. Als er hörte, wie Corinna die Wohnungstür aufschloss, sprang er auf, schaltete das Licht im Wohnzimmer aus, lief zur Tür und umarmte seine Freundin.

„Ich habe eine Überraschung für dich", flüsterte er ihr ins Ohr, nahm ihr die Jacke ab, verdeckte ihre Augen und führte sie vorsichtig ins Wohnzimmer. Leise klingende japanische Musik verbreitete eine beruhigende Atmosphäre. Behutsam führte er Corinna zum Esstisch und setzte sie auf ihren Stuhl. „Ich dachte, wir verbringen endlich mal wieder einen schönen gemeinsamen Abend miteinander", damit nahm er die Hände von ihren Augen.

Überrascht schaute Corinna auf den dekorierten Tisch. Überglücklich strahlte sie Sven an und küsste ihn zärtlich. „Das ist wunderschön, Sven", sagte sie. Als Corinna das kleine Schmuckkästchen entdeckte, überschlugen sich ihre Gedanken und sie freute sich wie sich wie ein Kind. „Endlich will Sven mir einen Heiratsantrag machen", dachte sie mit klopfendem Herzen. „Es kann keinen anderen Grund für dieses Essen, den Champagner und das kleine Kästchen geben. Da muss mein Verlobungsring drin sein", jubelte sie innerlich.

Mit einem lauten Plopp öffnete Sven die Champagnerflasche und füllte beide Gläser. Dann hob er sein Glas und prostete Corinna zu: „Auf uns, mein Schatz, und dass wir noch viele schöne gemeinsame Jahre miteinander verbringen werden."

Corinna genoss jeden einzelnen Bissen des japanischen Menüs. Nach dem Essen bat Sven Corinna auf die Couch. Immer schneller schlug ihr Herz vor Freude, als er sich mit dem Kästchen in der Hand neben sie setzte.

„Also, meine Liebe, ich würde gerne mit dir über zwei Angelegenheiten reden. Aber zuerst habe ich eine Frage, die mir sehr wichtig ist. Du weißt doch, dass du meine große Liebe bist, Corinna?", fragte er.

Sie nickte atemlos, woraufhin Sven fortfuhr. „Du weißt ebenfalls, dass ich dir eigentlich nichts abschlagen kann. Deshalb möchte ich dich bitten …", sagte Sven nervös, holte tief Luft und wollte den Satz beenden, als Corinna ihm zuvorkam: „ … deine Frau zu werden? Ja natürlich, darauf warte ich doch schon so lange!".

Entsetzt sah Sven seine Freundin an und sagte, bevor ihm klar wurde, was er mit den Worten verursachte: „Äh, heiraten? Corinna, ich wollte mit dir über den Urlaub sprechen. Wollen wir nicht für eine oder zwei Wochen lieber nach Spanien statt auf die Malediven? Ich habe heute den neuen Fünfer-BMW bestellt und muss rund zwanzigtausend Euro anzahlen. So langsam wird das Geld wieder knapp."

Tränen schossen Corinna in die Augen. „Ich dachte, du willst um meine Hand anhalten", schluchzte sie. Sven versuchte sie zu beruhigen: „Schatz, reg dich doch nicht auf. Spanien ist doch auch schön, das wird uns beiden gefallen. Wir können dann ja mit meinem neuen BMW runterfahren", sagte er und versuchte seine weinende Freundin in den Arm zu nehmen.

„Fass mich nicht an", fauchte Corinna zornig, stieß Sven von sich und rannte ins Schlafzimmer. Minutenlang saß Sven verdutzt auf der Couch. Er versuchte zu verstehen, wie das hatte passieren können, als Corinna mit einem kleinen Koffer in der Hand in der Wohnzimmertür stand und unter Tränen sagte: „Sven, ich gehe für ein paar Tage zu meinen Eltern, ich kann jetzt nicht mir dir in einer Wohnung bleiben!"

Kurz vor Mitternacht loggte sich Boris in Sankt Petersburg über ein von ihm gehacktes WLAN in einen Chat ein und wartete auf einen Chatter mit dem Pseudonym Jurij43. Als dieser im Chat auftauchte, schrieb Boris: „Wir haben 11 Transfers bekommen und insgesamt 2,8 Millionen Rubel abheben können. Morgen sende ich dir wie vereinbart die 2 Millionen."

„Und die anderen Überweisungen? Wir haben 26 abgesendet, warum sind nur 11 angekommen?", fragte Jurij43.

„Auf den anderen Konten ist nichts angekommen. Keine Ahnung warum, das solltet ihr besser wissen. Ich stelle nur die Zielkonten zur Verfügung", schrieb Boris verärgert wegen der Nachfrage.

„Okay, wir werden intern darüber sprechen und dir dann Bescheid geben. Wann hast du wieder neue Konten?"

„Nächste Woche müsste ich wieder ein paar neue haben", tippte Boris und loggte sich aus.

Nadja am nächsten Morgen an Martin über Facebook: „Sag mal Martin, wenn ich ehrlich sein soll, reicht mir der Kontakt mit dir per Internet nicht. Ich möchte mehr von dir. Hättest du etwas dagegen, wenn ich dich in Hannover besuche?"

„Das wäre toll, wann würdest du mich besuchen?", fragte Martin begeistert.

„Im Juni könnte ich drei Wochen freinehmen. Zwei oder drei Tage müsste ich aber eine Freundin in München besuchen, den Rest der Zeit würde ich bei dir bleiben, wenn du magst."

„Aber ist der Flug nicht teuer?", fragte Martin.

„Da hast du leider recht, den Flug kann ich mir derzeit nicht leisten. Ich bräuchte etwas Hilfe von dir", schrieb Nadja zurück.

Ein ungutes Gefühl beschlich Martin. Er hatte schon oft im Internet von Abzockern aus Osteuropa gelesen. Sie gaben sich in Kontaktbörsen im Internet als junge Frauen aus, machten sich an deutsche Männer ran und baten um Geld für eine Reise nach Deutschland. Natürlich kam nie eine von diesen „Frauen" nach Deutschland und nach der Geldüberweisung ließ „sie" nichts mehr von sich hören.

„Bitte nicht", dachte Martin langsam verzweifelnd, „lass Nadja Wirklichkeit sein und keine Abzockerin."

„Martin, leider habe ich nicht genügend Geld auf der Bank, um den Flug mit dem ganzen Drumherum zahlen zu können", schrieb Nadja weiter. „Aber ich möchte kein Geld von dir haben."

Erleichtert atmete Marin aus und fragte: „Wie willst du denn den Flug bezahlen?"

„Kein Problem. Meine beste Freundin Svetlana lebt doch in München. Ich hatte ihr meine ganzen Ersparnisse geliehen, damit sie ihren Umzug und Neuanfang in München finanzieren kann. Jetzt hat sie das Geld wieder zusammengespart und will es mir zurückgeben. Möchtest du eigentlich überhaupt, dass ich dich besuchen komme?"

„Ja, natürlich möchte ich das. Wenn es dich nicht stört, kannst du bei mir wohnen und das Geld für ein Hotel sparen. Ich schlafe gerne auf der Couch", schrieb Martin.

„Wieso Couch?", schrieb Nadja. „Wenn ich zwei Wochen bei dir bin, will ich ja etwas von dir haben und nicht alleine in deinem Schlafzimmer schlafen, Martin. Außerdem habe ich mich schon ein bisschen in dich verliebt. Aber wenn du mich nicht möchtest, okay. Bitte sag mir das aber jetzt", schrieb Nadja gekränkt zurück.

„Nein, Nadja, ich möchte dich. Ich wollte nur nicht zu aufdringlich sein. Ich freue mich, wenn ich bei dir und nicht auf der Couch schlafen kann."

„Deutsche Männer sind immer so rücksichtsvoll, das finde ich schön. Martin, wenn du mir versprichst, dass du es niemanden zeigst, sende ich dir ein besonderes Foto von mir." Kurz darauf bestaunte Martin ein Foto, auf dem sich Nadja in Dessous räkelte.

Nadja weiter: „Also, das Problem mit dem Geld ist ganz einfach: Wenn Svetlana mir das Geld jetzt von Deutschland nach Russland überweist, behält das russische Finanzamt die Überweisung vorläufig ein. Ich muss dann einen Herkunftsnachweis vorlegen. Bis der geprüft wird und das Geld dann endlich freikommt, kann es gut und gerne August oder September werden. Meinen nächsten Urlaub könnte ich dann frühestens im Januar nächstes Jahr bekommen. Was möchtest du, soll ich in zehn Tagen zur dir kommen oder lieber in sechs oder sieben Monaten?", fragte Nadja.

„Natürlich lieber in zehn Tagen", antwortete Martin ohne nachzudenken. „Aber wie bekommst du dann rechtzeitig das Geld?"

„Svetlana würde das Geld auf dein Bankkonto überweisen. Du müsstest das Geld einfach in bar abheben und zu einem Geldtransferservice wie Western Union bringen."

„Behält das russische Finanzamt das Geld nicht auch ein?", fragte Martin irritiert.

„Nein, wichtig ist, dass das Geld nicht von einer russischen Staatsbürgerin überwiesen wird. Wenn du dann bei der Einzahlung als Grund das Wort ‚Reisekostenvorschuss‘ und dazu meine Flug- und Ticketnummer schreibst, geht das Geld einfach durch. Ich muss bei Abholung nur meine Flugreservierung vorzeigen. Wir hätten in diesem Fall ja nicht einmal betrogen, da das Geld tatsächlich für meine Reise zu dir verwendet wird."

„Nadja, das ist kein Problem. Sag deiner Freundin, sie soll das Geld auf mein Konto überweisen", schrieb Martin aufgeregt und gab Nadja seine Bankverbindung.

Corinna hatte trotz diverser SMS und Anrufversuche von Sven den ganzen folgenden Tag über nicht reagiert. Im Möbelhaus hatte sie sich krankgemeldet. Nun saß Sven nervös in der gemeinsamen Wohnung und überlegte, ob er Corinnas Eltern anrufen sollte, um zu fragen, wie es ihr ging. Schließlich nahm er allen Mut zusammen und wählte die Nummer von Corinnas Eltern.

„Hallo, Sven", meldete sich ihr Vater Hans.

„Hallo, Hans, wie geht es Corinna? Ich konnte sie nicht erreichen und auf der Arbeit war sie auch nicht", sagte Sven kleinlaut.

„Corinna ist wohl ziemlich verletzt. Du weißt, dass ich mich nicht in eure Beziehung einmische, aber was ist passiert?"

Sven erzählte Corinnas Vater von dem missglückten Abendessen.

„Das erklärt einiges. Ich sag dazu jetzt mal lieber gar nichts. Wenn du das kitten willst, kann ich dir nur empfehlen, den ersten Schritt zu machen. Und eins sag ich dir doch: Sie nur mit Worten überzeugen zu wollen, das dürfte nicht funktionieren. Aber wie gesagt, was richtig ist, musst du wissen."

Sven war fest entschlossen, seine Freundin zurückzugewinnen und fasste einen Plan, der hoffentlich die gewünschte Versöhnung bringen würde.

Am übernächsten Tag saß Corinna im Büro und überprüfte die Verkaufszahlen der Woche. Da kam die Abteilungsleiterin in ihr Büro und meinte: „Corinna, komm mal schnell zum Empfang, da ist eine Lieferung für dich."

Verdutzt sah Corinna von ihrer Arbeit auf. „Kann der Empfang die Lieferung nicht für mich entgegennehmen?"

„Nein, das musst du selbst machen."

Corinna ging hinunter zum Empfang. Mit einem Lächeln übergab ihr ein Bote einen großen Umschlag und bat sie, ihn zu öffnen, da er dem Absender eine Antwort überbringen müsse.

Verwundert beobachtete sie den Mann aus den Augenwinkeln. „Ob das ein Rechtsanwalt ist? Zumindest wird ein normaler Bote keinen Anzug für locker 800 Euro tragen. Aber der Seidenschal passt irgendwie nicht dazu", überlegte sie, bevor sie den Umschlag aufriss. Er enthielt drei Papiere. Auf dem ersten stand die Genehmigung ihres Urlaubsantrags für den Zeitraum vom 22. Mai 2012 bis zum 25. Juni 2012. Irritiert sah sie ihre Vorgesetzte an, die aber nickte nur: „Lies weiter."

Dann nahm Corinna das nächste Dokument und hielt den Atem an: Eine Buchungsbestätigung über eine vierwöchige Reise ins Sheraton Maldives Resort Hotel für zwei Personen in einem Wasser-Bungalow. Auf dem dritten Blatt war ein rotes Herz und die Worte „Nicht erschrecken!" aufgezeichnet.

Plötzlich sang der Bote mit ausgebildeter Tenorstimme den Song von Elton John „Sorry seems to be the hardest word". Verdutzt versuchte Corinna die Situation zu erfassen, als Sven mit einem riesigen Strauß langstieliger roter Rosen durch die Eingangstür trat und sagte: „Liebe Corinna, es fällt mir nicht schwer, Entschuldigung zu sagen. Es fällt mir schwer, es richtig zu sagen, es richtig auszudrücken, was ich falsch gemacht habe. Ich habe den wunderbarsten Menschen verletzt und das tut mir unendlich leid. Ich liebe dich. Mir ist klar geworden: Nur mit dir möchte ich mein Leben verbringen. Das hier jetzt hätte ich schon vor Jahren tun sollen." Sven kniete vor Corinna nieder, sah ihr in die Augen und fragte: „Corinna, willst du meine Frau werden?"

Überglücklich und unter Tränen nickte Corinna: „Ja, ich möchte dich heiraten."

Am Montagmorgen chattete Martin gleich nach dem Aufstehen mit Nadja. „Martin, ich komme am 30. Mai gegen vier Uhr nachmittags in Hannover an. Holst du mich vom Flughafen ab?"

„Ja, natürlich."

„Bitte denk daran, dass du das Geld sofort zu Western Union bringst, wenn Svetlana es überwiesen hat. Ich muss das Ticket bis Donnerstagabend bezahlt haben, ansonsten storniert das Reisebüro meinen Flug. Hast du überhaupt Zeit, das Geld abzuheben und dann zu Western Union zu bringen? Wenn wir Pech haben, musst du den Betrag aufteilen. Möglicherweise akzeptiert Western Union nicht so viel Geld auf einmal, ich habe da keinerlei Erfahrung", schrieb Nadja. „Sobald Svetlana mir sagt, wie viel Geld sie überweisen kann, sage ich es dir." Danach teilte sie Martin ihre Flug- und Ticketnummer mit und verabschiedete sich von ihm. Glücklich ging Martin zur Arbeit.

Corinna und Sven verbrachten das glücklichste Wochenende seit Langem. Ruhe kehrte aber erst ein, nachdem Sven am Freitagabend den Stecker des Festnetztelefons gezogen und beide Smartphones ausgeschaltet hatte. Corinna hatte vor Freude noch am Freitagabend ihre Verlobung bei Facebook gepostet. Dutzende von Freunden, Arbeitskollegen und Bekannten fluteten die beiden seitdem mit Anrufen und Glückwunsch-SMS, Facebook-Posts und E-Mails. Teils waren darunter lustige Animationen von Hochzeiten.

Am Montagabend beschlossen die beiden, sich die lustigsten Animationen, die per E-Mail zugesendet worden waren, anzuschauen und diese auf Facebook zu posten. „Kennst du einen Konrad?", fragte Sven.

„Nein, wieso?"

„Der hat uns Glückwünsche gesendet, aber die E-Mail-Anlage lässt sich nicht öffnen, beziehungsweise stürzt der Acrobat Reader immer ab, wenn ich es versuche."

„Egal, das wird irgendjemand vom Fußballverein sein. Schreib ihm einfach zurück und bedanke dich."

Am Mittwochnachmittag besuchten Corinnas Eltern das junge Paar in seiner Wohnung. Nach einem frühen Abendessen wollten die Eltern die beiden zum Frankfurter Flughafen fahren. Der Flug mit Emirates ging erst um 22.20 Uhr.

Um kurz vor sieben entschuldigte sich Sven, um schnell noch die Anzahlung für den Autokauf online zu überweisen. Er loggte sich ins Internetbanking der Kurpfälzischen Bank AG ein. Sorgfältig gab er die Kontonummer, Bankleitzahl, den Überweisungsbetrag in der Höhe von 20.500.- Euro und die Auftragsnummer der BMW-Bank ein. Danach klickte er auf „Senden" und wartete ein paar Sekunden, bis seine Bank ihm eine SMS zusendete. „Schatz, beeil dich, wir müssen los. Im Radio melden sie gerade Stau auf der A 67!"

„Sofort", antwortete Sven und öffnete die soeben eingegangene SMS. Schnell gab er die Transaktionsnummer aus der SMS ein und bestätigte damit die Überweisung. Zufrieden schaltete er den Computer und sein Handy aus, zog den Stromstecker und ging zurück ins Wohnzimmer.

Einige Stunden später befand er sich glücklich mit seiner Verlobten Corinna über den Wolken auf den Weg in ihren Traumurlaub auf den Malediven.

„Also Boris, wir haben heute sieben Überweisungen angestoßen. Diese werden heute und morgen auf den Konten deiner deutschen Kundschaft eingehen. Beachte bitte speziell die erste Überweisung. Hier konnten wir 20.500 Euro erzielen. Das Geld wurde schon auf das Konto deiner Kundschaft überwiesen und wird morgen gutgeschrieben. Die anderen Transfers sind die üblichen Beträge zwischen 3.000 und 5.000 Euro", schrieb Jurij43 und loggte sich dann aus dem Chat aus.

Kurz vor Mitternacht schrak Martin aus dem Schlaf hoch, als sein Handy klingelte. Irritiert sah er eine Rufnummer mit der Vorwahl +73952 auf dem Display seines Handys. „Das muss Nadja sein", dachte er und nahm das Gespräch entgegen.

„Hier ist Nadja, Martin bist du das", fragte eine weibliche Stimme mit slawischem Akzent.

„Hallo Nadja! Ist alles in Ordnung?", fragte Martin besorgt.

„Ja, ja. Ich wollte dir nur sagen, dass Svetlana insgesamt zwanzigtausendfünfhundert Euro überwiesen hat. Das Geld müsste morgen früh auf deinem Konto gutgeschrieben sein! Könntest du das Geld schon morgen früh abheben und zu Western Union bringen? Das Reisebüro hat heute schon wieder angerufen und gesagt, dass ich dringend das Flugticket bezahlen muss. Der Flug ist wohl vollständig ausgebucht und das Reisebüro hat noch einige Kunden, die gerne fliegen würden! Ich habe Angst, dass ich dann nicht zu dir kommen kann. Das wäre schrecklich, Martin!"

„Mach dir keine Sorgen. Ich werde einfach morgen früh freinehmen und alles erledigen."

„Oh, du bist einfach toll, ich freue ich schon auf dich! Svetlana hat gesagt, dass du lieber nur jeweils fünftausend Euro einzahlen solltest, da es bei höheren Beträgen häufig länger dauert. Das werden ein paar fantastische Tage und heiße Nächte, das verspreche ich dir. "

Martin konnte in dieser Nacht vor Aufregung nicht schlafen.
Am nächsten Tag ging Martin um acht Uhr zu seiner Bankfiliale.
Freundlich wurde er von dem Kundenberater am Bankschalter be-
grüßt, der ihn schon einige Jahre persönlich betreute.

„Guten Morgen. Können Sie mir sagen, ob eine Überweisung in
der Höhe von zwanzigtausendfünfhundert Euro auf meinem Konto
eingegangen ist?"

Der Kundenberater sah kurz im Computer nach und bestätigte
den Geldeingang. „Dann möchte ich das Geld bitte in bar abheben",
sagte Martin.

„Herr Saarländer, das tut mir leid. Wir haben nur einen begrenz-
ten Bargeldbestand in unserer Filiale. Sie müssen so hohe Abhebun-
gen einen Tag vorher ankündigen."

Martin sah den Bankmitarbeiter erschrocken an. Was sollte er
Nadja sagen, oder noch schlimmer, was wäre, wenn Nadjas Flugticket
dann storniert würde? „Gibt es denn keine Möglichkeit, heute Vormittag das Geld zu bekommen?", fragte Martin. „Für mich ist das
sehr wichtig", fuhr er fort.

„Herr Saarländer, Sie können bei mir jetzt fünftausend Euro abheben. Ich werde dann in der Hauptniederlassung anrufen und dort
können Sie das restliche Geld bekommen. Wenn ich Sie jetzt ankün-
dige, wird das Geld in spätestens einer Stunde bereitliegen. Wäre das
für Sie akzeptabel?"

„Damit helfen Sie mir sehr", sagte Martin erleichtert und ließ
sich die 5.000 Euro auszahlen. Wenige Minuten später machte er
sich auf den Weg in die Innenstadt. Um kurz nach zehn betrat er
am Hauptbahnhof Hannover eine Filiale von Western Union und
überwies Nadja die ersten 5.000 Euro. Beruhigt, dass der Geldtrans-
fer problemlos ablief, ging er danach zur Hauptniederlassung seiner Bank in Hannover und hob die restlichen 15.500 Euro von Nadjas Geld ab.

Guten Mutes ging er zur nächsten Western-Union-Filiale und wurde freundlich am Schalter begrüßt. „Guten Morgen, was kann ich für Sie tun?"

„Ich würde gerne fünfzehntausendfünfhundert Euro nach Irkutsk transferieren. Hier haben Sie die Empfängerdaten."

„Können Sie mir bitte sagen, wo Sie das Geld herhaben und zu welchem Zweck die Überweisung stattfindet?", wurde Martin höflich von der Mitarbeiterin gefragt.

„Warum wollen Sie das wissen?"

„Bei Geldbeträgen in dieser Höhe sind wir gemäß Geldwäschegesetz verpflichtet, einen Herkunftsnachweis des Geldes zu erfragen."

Martin erzählte der Mitarbeiterin die ganze Geschichte vom Kennenlernen bis Nadjas Ankündigung, ihn in Hannover zu besuchen.

Mitleidig schüttelte die Frau mit dem Kopf: „Herr Saarländer, es tut mir leid, Ihnen das sagen zu müssen, aber das hört sich für mich an, als ob Sie einer Betrügerbande aufgesessen sind. Wir haben hier schon ähnliche Fälle gehabt. Unter diesen Umständen darf ich das Geld leider nicht annehmen. Ich kann Ihnen nur raten, nehmen Sie das Geld und gehen Sie damit zur Polizei. Die wird klären, ob es sich um einen Betrug handelt."

Martin war wie vor den Kopf geschlagen und verließ wortlos die Western-Union-Filiale. 40 Minuten später saß er in seiner Wohnung und fuhr seinen Computer hoch. Aufgeregt tippte er: „Nadja, bist du online?"

Innerhalb weniger Augenblicke antwortete sie: „Hallo Martin, ist alles in Ordnung? Hast du das Geld eingezahlt?"

„Leider nur zum Teil. Ich habe 5.000 Euro transferieren können, aber bei der nächsten Niederlassung von Western Union wollten die das Geld nicht annehmen. Was machen wir jetzt?"

„Martin, das schaffen wir schon. Keine Sorge. Hast du versucht, die 15.500 Euro auf einmal einzuzahlen?"

„Ja, aber die wollten das Geld nicht annehmen."

„Kein Problem, splitte das restliche Geld einfach auf vier Transfers à 3.750 Euro auf. Die restlichen 500 Euro lässt du bitte bei dir, damit ich etwas shoppen gehen kann. Ich sende dir noch ein paar weitere Adressen von Western Union und von einer MoneyGram-Filiale in Hannover. Bitte versuch, das Geld noch heute Vormittag zu überweisen", schrieb Nadja.

Martin stimmte ohne nachzudenken zu und machte sich nach Erhalt der Adressen umgehend auf den Weg. Nach drei Stunden konnte er endlich die vier Transfers abschließen. Glücklich und erleichtert fuhr er nach Hause und informierte Nadja über seinen Erfolg, bevor er sich auf den Weg zur Arbeit machte.

Einige Stunden später übergab Pjotr einen Umschlag an Boris. „Und? Ist alles gut gegangen?", fragte Boris.

„Ja, der Typ am Schalter von Western Union hat anfangs ein paar Fragen gestellt. Nachdem ich ihm deine freundlichen Empfehlungen ausgerichtet habe, hätte der fast noch was draufgelegt." Schnell zählte Boris das Geld nach, gab Pjotr ein paar Scheine und verschwand.

„Meine Mutter hatte einen Autounfall, ich muss sofort zu ihr nach Moskau fliegen. Ich melde mich, sobald es ihr besser geht", schrieb Nadja vier Tage später im Chat an Martin und loggte sich aus. Die folgenden 31 Tage schrieb Martin täglich Nachrichten an Nadja und hoffte auf ein Lebenszeichen von ihr.

„Mama, Papa!" rief Corinna aufgeregt, als sie ihre Eltern am Frankfurter Flughafen sah. Zwei Stunden später saßen Sven, Corinna und ihre Eltern in der Wohnung der Kinder und aßen die beim Lieferservice bestellten Pizzen. Begeistert erzählte Corinna nach dem Mittagessen von den fantastischen vier Wochen auf den Malediven, während

Sven die Post durchsah. Irritiert las er zweimal ein Schreiben der BMW-Bank, die ihn aufforderte, die überfällige Anzahlung in Höhe von 20.500 Euro zu leisten. Neugierig schaute Corinna ihm über die Schulter, las die Mahnung der Bank und fragte: „Hattest du die Überweisung nicht kurz vor unserem Abflug getätigt?"

„Ich sehe mal nach", antwortete Sven, holte sein Notebook und loggte sich ins Onlinebanking der Kurpfälzischen Bank ein. Unter Zahlungsausgänge sah er, dass er der BMW-Bank die 20.500 Euro überwiesen hatte. Sven verglich die Kontonummer der Internet-Überweisung mit der in der Mahnung angegebenen Kontonummer. Beide stimmten überein. „Da hat die BMW-Bank wohl meine Überweisung nicht sauber zugeordnet", meinte Sven beruhigt.

Corinnas Vater hatte zugehört und sagte dann zu Sven: „Du müsstest doch inzwischen die Kontoauszüge per Post erhalten haben. Faxe die einfach der BMW-Bank zu. Damit kann die Bank die Überweisung einfach zuordnen und die Angelegenheit wäre erledigt."

Schnell durchsuchte Sven die restliche Post und fand den Brief mit den Kontoauszügen. „Hier ist die Überweisung", sagte er und stutzte. Er wurde ganz weiß im Gesicht. „Mist, das kann doch nicht sein", fluchte er. „Auf den Kontoauszügen ist zwar eine Überweisung in Höhe von zwanzigtausendfünfhundert Euro, aber nicht an die BMW-Bank. Der Empfänger ist ein Martin Saarländer", sagte er zu Corinnas Vater.

„Wer soll denn das sein?", fragte Corinna.

„Keine Ahnung. Ich kenne keinen Saarländer und vor allem habe ich niemals Geld an ihn überwiesen. Im Onlinebanking steht ja auch, dass ich das Geld an die BMW-Bank überwiesen habe. Was soll das bloß?", fragte Sven panisch.

„O Gott", rutschte es Corinnas Mutter raus, „Sven, kann es sein, dass du einen Onlinebanking-Trojaner auf deinem Computer hast? Ich habe darüber in der Zeitung gelesen. Diese Trojaner sollen sich unbemerkt auf Computern installieren können. Macht dann ein

Computerbenutzer Onlinebanking und führt eine Überweisung durch, tauschen die Trojaner heimlich im Hintergrund die Empfängerdaten, also Kontonummer, Bankleitzahl, Empfängername und Betrag aus. Allerdings zeigt der Computer diese Daten nicht an, sondern nur die, die der Computerbenutzer eingegeben hat!"

„Nein, Mama, dass kann nicht passiert sein", wandte Corinna ein. „Sven verwendet ein extra sicheres Onlinebanking-Verfahren mit einer SMS."

„Wie funktioniert das?", wollte ihr Vater wissen.

„Sven füllt zwar auf seinem Computer die Überweisung aus, aber bevor sie ausgeführt werden kann, sendet die Bank ihm eine SMS auf sein Handy. In dieser SMS stehen dann die Kontonummer und der Betrag der Überweisung, die die Bank von Svens Computer erhalten hat. In der SMS steht die Transaktionsnummer, die Sven in seinen Computer eingeben muss, damit die Bank die Überweisung überhaupt ausführt. Also muss Sven nur die SMS lesen und prüfen, ob die Kontonummer und der Betrag stimmen. Ist alles richtig, gibt er die Transaktionsnummer ein und die Überweisung wird ausgeführt. Stimmen die Daten der Überweisung in der SMS nicht, dann gibt er die Transaktionsnummer einfach nicht ein und die Überweisung wird nicht ausgeführt. Die Transaktionsnummer in der SMS ist nur für die Überweisungsempfängerdaten gültig, die in der SMS stehen und kann nicht für andere Überweisungen verwendet werden. Du siehst, da besteht keinerlei Gefahr, schließlich ist mein Zükünftiger ja nicht so blöd, die Daten in einer solchen SMS nicht ordentlich zu kontrollieren."

Schnell holte Sven sein Handy aus dem Computerzimmer und schaltete es ein. Sven fand die Bank-SMS mit der 20.500-Euro-Überweisung, las sie SMS und gab das Handy wortlos an Corinna weiter. „O nein, die Kontonummer in der SMS stimmt mit der Kontonummer von dem Martin Saarländer überein!", rief Corinna erschüttert. „Schatz, hast du die SMS denn nicht kontrolliert?" Betreten schüttelte Sven den Kopf, stand auf und sagte, dass er schnell zur Bank fahren würde.

Vierzig Minuten später saß Sven mit seinem Kundenberater Christian Müller und dem Onlinebanking-Spezialisten der Kurpfälzischen Bank, Franz Gründer, in einem Besprechungszimmer. Sven schilderte den Vorfall. Mit seinem mitgebrachten Notebook demonstrierte Sven, dass in seinem Onlinebanking-Account eine andere Überweisung angezeigt wurde als auf den Papierauszügen. Interessiert sah Franz Gründer zu und sagte dann: „Herr Wohlfahrt, wie ich sehe, haben Sie auch den Webbrowser Safari installiert. Haben Sie schon überprüft, was passiert, wenn Sie sich beispielsweise mit dem Safari ins Onlinebanking einloggen?"

„Nein, den Safari nutze ich eigentlich nicht. Der hat sich mit iTunes mitinstalliert."

„Würden Sie sich bitte vom Onlinebanking abmelden? Melden Sie sich dann noch mal an, aber benutzen Sie nicht den Firefox, sondern Safari."

Sven loggte sich aus dem Onlinebanking aus, schloss Firefox und startete Safari. Nachdem er sich wieder ins Onlinebanking eingeloggt hatte, sah er irritiert die durchgeführten Überweisungen an. Die Überweisung an Martin Saarländer tauchte auf, die Überweisung an die BMW-Bank nicht.

„Das ist typisch für solche Trojaner", erklärte Franz Gründer. „Der Trojaner, den Sie auf Ihrem Notebook haben, scheint nicht mit dem Safari zu funktionieren. Deshalb sehen Sie jetzt die echte Überweisung. Wenn Sie sich wieder abmelden und mit dem Firefox anmelden, wird die Überweisung an den Martin Saarländer verschwunden sein und Sie werden die Überweisung an die BMW-Bank sehen. Wir sollten aber nichts mehr mit dem Notebook machen, das könnte eventuelle Spuren verwischen."

Ernst schaute er Sven Wohlfahrt an und sagte: „Herr Wohlfahrt ich muss leider feststellen, dass Sie Opfer von Onlinebanking-Betrügern geworden sind. Hätten Sie die SMS richtig kontrolliert, wäre nichts passiert", sagte der Onlinebanking-Spezialist der Kurpfälzischen Bank vorwurfsvoll. „Als Erstes müssen wir leider Ihren Onlinebanking-Zugang sperren."

Verärgert erwiderte Sven: „Was soll das denn jetzt, bitte?"

„Das ist nur zu Ihrer eigenen Sicherheit. Wir schalten Ihren Onlinezugang wieder frei, sobald Sie uns schriftlich versichert haben, dass der Trojaner von Ihrem Computer entfernt worden ist. Sie sollten jetzt direkt zur Polizei gehen und Strafanzeige gegen Unbekannt erstatten. Zumindest den Namen des sogenannten Geldboten, Herrn Martin Saarländer, und dessen Bankverbindung haben wir. Bitte bringen Sie uns eine Kopie der Strafanzeige. Wir werden versuchen, einen Überweisungsrückruf durchzuführen. Dabei kann die Strafanzeige manchmal helfen. Allerdings sind nach vier Wochen die Aussichten auf Erfolg sehr gering", sagte Sebastian Gründer.

„Wer kommt für den Schaden auf? Schließlich wollte ich die gut zwanzigtausend Euro ja nicht an diesen Martin Saarländer überweisen, sondern an die BMW-Bank. Also müsste doch Ihre Bank für den Schaden aufkommen, oder nicht?"

„Herr Wohlfahrt, das stimmt so nicht. Wir haften als Bank, wenn Sie Ihre Sorgfaltspflichten erfüllen. In diesem Fall ist der Sachverhalt aber eindeutig anders. Sie sind verpflichtet, die Überweisungsempfängerdaten in der SMS zu überprüfen. Das haben Sie in diesem Fall aber offenbar nicht gemacht und dadurch den Schaden mitverursacht. Erschwerend kommt hinzu, dass Sie sich nach der betrügerischen Überweisung vier Wochen lang nicht um das Konto gekümmert haben. Die Schuld liegt nicht bei uns, Herr Wohlfahrt", sagte der Onlinebanking-Spezialist. „Aber lassen Sie uns zuerst versuchen, das Geld zurückzuholen, dann werden wir weitersehen."

Einige Stunden später war Sven wieder zu Hause. Er hatte Strafanzeige gegen Unbekannt gestellt und die Polizei hatte das Notebook mit dem Onlinebanking-Trojaner sichergestellt. Niedergeschlagen erzählte er Corinna, dass er tatsächlich Opfer von Onlinebanking-Betrügern geworden war.

„Aber die Bank muss doch für den Schaden aufkommen?", entgegnete sie bestürzt.

„Die Bank sagt, dass ich meine Sorgfaltspflichten verletzt hätte, da ich die SMS nicht kontrolliert habe. Daher sieht es nicht so gut aus, die wollen es aber prüfen."

Am folgenden Mittwoch wurde Martin um kurz vor sieben durch energisches Klingeln an seiner Tür aus dem Schlaf gerissen. Er hatte, wie so oft, von Nadja geträumt. In der Hoffnung, dass sie ihn vielleicht überraschen wollte, sprang er aus dem Bett, eilte zur Wohnungstür und riss sie auf. Zwei uniformierte Polizisten und eine in Zivil gekleidete Frau standen vor ihm.

„Herr Saarländer, wir haben einen Durchsuchungsbeschluss vom Amtsgericht Hannover", begann die Polizistin in Zivil. „Gegen Sie besteht dringender Tatverdacht, dass Sie gegen Paragraf 261, Strafgesetzbuch, verstoßen haben und sich wegen Geldwäsche und Verschleierung unrechtmäßig erlangter Vermögenswerte strafbar gemacht haben. Ebenfalls wird gegen Sie wegen Verdachts des Computerbetruges gemäß Paragraf 263a, Strafgesetzbuch, ermittelt. Wir müssen Ihre Wohnung durchsuchen und werden möglicherweise Beweismittel beschlagnahmen. Möchten Sie Ihren Rechtsanwalt oder eine andere Person zur Durchsuchung Ihrer Wohnung hinzuziehen?", fragte die Polizistin.

Martin sah sie fassungslos an. „Sind Sie sicher, dass ich der Richtige bin?", stotterte Martin hilflos. „Das muss ein Irrtum sein, ich habe niemals etwas Illegales gemacht."

„Herr Saarländer, Sie haben am 24. Mai eine Überweisung in der Höhe von zwanzigtausendfünfhundert Euro von einem Sven Wohlfahrt erhalten. Um acht Uhr dreißig haben Sie von Ihrem Konto fünftausend Euro und um zehn Uhr fünfzig fünfzehntausendfünfhundert Euro abgehoben. Ist das so weit richtig?", fragte die Polizistin.

„Ja, aber das ist doch wohl nicht illegal?", antwortete Martin, doch ihm schwante Böses. „Kommen Sie doch rein. Ich muss mir ja auch erst mal was überziehen." Martin wies mit einer Handbewegung ins Wohnzimmer und verschwand schnell im Schlafzimmer, um sich Hemd und Hose anzuziehen.

Wieder im Wohnzimmer wiederholte er gegenüber den Polizisten, dass seine Geldabhebung nicht illegal war.

„Wenn das Geld aus einer Straftat stammt, was hier der Fall ist, dann schon, Herr Saarländer", erklärte die Polizistin. „Wo stammt das Geld denn Ihrer Meinung nach her?"

„Das Geld stammt … äh, von Svetlana, einer Freundin meiner … äh, meiner Verlobten Nadja", sagte Martin.

„Wo wohnt Nadja?", fragte die Polizistin.

„Irgendwo in Irkutsk."

Die Polizisten wechselten Blicke. „Ja, ich dachte, sie würde mich vielleicht überraschen, als es an der Tür klingelte. Sie wollte mich eigentlich Ende Mai besuchen kommen, aber ihre Mutter hatte einen schweren Autounfall und sie musste dann sofort zu ihr fliegen. Seitdem habe ich nichts mehr von ihr gehört", versuchte Martin die Situation zu erklären.

„Okay, am besten, Sie erzählen uns die Geschichte mit Nadja von Anfang an", forderte die Polizistin Martin auf.

Nach zwei Stunden hatte Martin die Geschichte erzählt und alle Fragen der Polizisten beantwortet. Peinlich berührt zeigte Martin den Polizisten die gespeicherten Chats und die Fotos von Nadja. Die Polizistin fragte Martin: „Haben Sie die Einzahlungsscheine von Western Union und MoneyGram aufbewahrt?"

Martin holte die Papiere und übergab sie den Polizisten.

„Herr Saarländer, Sie sind einer Geldwäscherbande aufgesessen. Die Nadja, die Sie zu kennen glauben, existiert nicht."

Martin sah die Polizistin ungläubig an: „Sie irren sich bestimmt. Mit Sicherheit gibt es eine einfache Erklärung und das Ganze ist nur ein Irrtum. Wissen Sie, Nadja hat mein Leben wieder lebenswert gemacht. Bitte lachen Sie nicht. Dabei geht es nicht bloß um die Fotos und Sex."

Mitleidig sah die Polizistin Martin an und erklärte Martin dann, was wirklich passiert war. „Herr Saarländer, die zwanzigtausendfünfhundert Euro stammen von Herrn Sven Wohlfahrt aus Mannheim. Herr Wohlfahrt wollte das Geld an eine Bank überweisen, um eine Anzahlung für eine Autofinanzierung zu leisten. Allerdings hatten Kriminelle zuvor eine Manipulationssoftware auf seinen Computer gespielt. Mithilfe dieser Manipulationssoftware sind Kriminelle in der Lage, Überweisungen beim Onlinebanking heimlich zu manipulieren. Manipulieren bedeutet in diesem Fall, dass sie beispielsweise den Empfänger einer Überweisung austauschen können oder auch andere Geldbeträge einsetzen. Das Opfer merkt davon zuerst nichts. Die Kriminellen haben nur ein Problem: Gelder beim Onlinebanking können nur überwiesen werden, nicht in bar an Geldautomaten ausbezahlt werden. Selbstverständlich überweisen Kriminelle gestohlene Gelder nicht auf ihre eigenen Konten, sonst könnten wir sie sofort identifizieren und festnehmen. Also versuchen die Kriminellen, den Weg der gestohlenen Gelder zu verschleiern.

Hierfür werden sogenannte Mittelsmänner – von uns auch „Geldboten" genannt – gesucht. Die Kriminellen überweisen die Gelder von den Konten der Opfer auf die Konten der Geldboten. Die Geldboten heben diese Gelder meist in bar ab und bringen diese zu Geldtransfer-Anbietern wie Western Union. Selbstverständlich wissen diese Geldboten nicht, dass die Gelder gestohlen sind. Den Geldboten wird weisgemacht, dass die Gelder aus legalen Quellen stammen. Den meisten wird eine lukrative Entlohnung angeboten, sodass die Gier über den Verstand siegt. Eine andere Methode ist die, die bei Ihnen angewendet wurde. Dabei wird in Chat-Foren deutschen alleinstehenden Männern vorgegaukelt, dass sich junge, meist osteuropäische Frauen für sie interessieren. Über Wochen wird eine Internetbeziehung aufgebaut. Dann täuschen die Frauen einen Notfall vor und bitten den Mann, sein Konto für eine Geldtransaktion bereitzustellen.

Genau das ist bei Ihnen passiert. Nadja existiert nicht. Die Dame, die sich Nadja nennt, ist nur eine fiktive Figur einer kriminellen Organisation, die Geldwäsche für Onlinebanking-Betrüger durchführt. Die ,Dame' wird von den Kriminellen in Chat-Rooms aufgebaut, um täglich mit Dutzenden Männern zu chatten, zu flirten, Fotos zu versenden, alles mit einem Ziel: Gestohlene Gelder mithilfe der ahnungslosen Männer zu waschen. Das Problem ist, dass sich auch die Geldboten strafbar machen, selbst wenn sie nicht wissen, dass sie gestohlene Gelder transferieren. Aus diesem Grund sind wir hier. Sie haben für eine kriminelle Gruppierung Gelder gewaschen. Wir werden Ihren Computer und die Einzahlungsbelege mitnehmen." Die Polizisten verabschiedeten sich einige Minuten später und verließen Martins Wohnung. Martin blieb fassungslos zurück.

## Kommentar

*Das Strafverfahren gegen Martin Saarländer wurde einge-
stellt. Martins Rechtsanwalt einigte sich mit dem Anwalt von
Sven Wohlfahrt und dessen Bank. Martin muss insgesamt
12.500 Euro an Sven Wohlfahrt zurückzahlen. Die Bank
erstattet Sven Wohlfahrt 5.000 Euro. Auf den restlichen
3.000 Euro bleibt das Phishing-Opfer Sven Wohlfahrt
sitzen. Von Nadja hat Martin bis zum heutigen Tag nichts
mehr gehört.*

*Haben Sie beim Lesen dieses Kapitels Angst bekommen,
Onlinebanking zu machen? Dann sind Sie auf dem richtigen Weg. Allerdings brauchen Sie nicht wirklich „Angst" zu
haben: Onlinebanking kann genauso sicher sein, wenn
nicht sogar sicherer, als der beleghafte Zahlungsverkehr
auf Papier. Vielmehr ist die Voraussetzung für sicheres
Onlinebanking, dass Sie aufmerksam und behutsam
vorgehen und einige wenige grundlegende Regeln beachten. Hinzu kommt, dass ein einfaches Basiswissen über die
Stärken und Schwächen des von Ihnen genutzten Onlinebanking-Verfahrens vorhanden sein muss.*

*Sicherheit im Onlinebanking setzt voraus, dass Sie in der
Lage sind, die von Ihnen durchgeführten Überweisungen
zu kontrollieren. Das bedeutet, dass Sie kontrollieren
müssen, ob die von Ihnen durchgeführte Überweisung an
den richtigen Empfänger (Kontonummer) und mit dem
richtigen Betrag durchgeführt wird. Alle modernen und relativ sicheren Onlinebanking-Verfahren bieten solche zusätzli-
chen Kontrollfunktionen auf separaten Geräten (z. B.
Handy/Smartphone, TAN-Generator) an. Solange Überweisungen nach dem bekannten Schema (mit Überprüfung der
Kontonummer) durchgeführt werden, sollten und müssten*

*Sie in der Lage sein, Überweisungen zu kontrollieren.*
*Für die Zukunft müssen Sie beachten, dass der Zahlungs-*
*verkehr innerhalb des Euroraumes auf das sogenannte*
***SEPA-Verfahren*** *umgestellt wird. Im Zuge dessen werden*
*unsere gewohnten Kontonummern und Bankleitzahlen*
*durch die IBAN ersetzt. IBAN steht für „International Bank*
*Account Number" (auf Deutsch: Internationale Bankkonto-*
*nummer).*
*Damit Sie weiterhin sicher Onlinebanking machen können,*
*müssen Sie den Aufbau der IBAN verstehen. Verstehen Sie*
*die IBAN nicht, dann können Sie nicht kontrollieren, ob eine*
*Überweisung manipuliert worden ist. Das bedeutet, dass*
*Sie kein SICHERES Onlinebanking mehr machen können!*
*Der Aufbau der IBAN ist von Land zu Land unterschiedlich.*
*Die deutsche IBAN hat immer eine Länge von 22 Zeichen.*
*Sie beginnt mit der zweistelligen Länderkennung DE,*
*gefolgt von zwei Prüfziffern, der achtstelligen Bankleitzahl*
*und der zehnstelligen Kontonummer. Sie finden auf Wikipe-*
*dia unter http://de.wikipedia.org/wiki/International_Bank_*
*Account_Number eine sehr gute Beschreibung über den*
*Aufbau der IBAN von verschiedenen Ländern. Alle deut-*
*schen Banken stellen ihren Kunden ausreichende Informa-*
*tionen zum SEPA-Verfahren und zur IBAN zur Verfügung.*
*Lassen Sie sich im Zweifelsfall von Ihrem Kundenberater*
*über das SEPA-Verfahren ausführlich informieren.*
*Sicherheit im Onlinebanking sollte von zumindest zwei*
*Seiten aus betrachtet werden.*
*Die wichtigste Seite ist sicherlich Ihre persönliche Sicher-*
*heit, schließlich möchten Sie ja nicht Ihr hartverdientes*
*Geld an Betrüger verlieren. Die meisten Betrügereien*
*belaufen sich auf Summen zwischen 3.000 und 6.000 Euro.*

*Allerdings kommen in Einzelfällen auch Manipulationen in Höhe von 200.000 Euro und mehr vor.*

*Die zweite Seite sind die Onlinebanking-Betrüger. Jeder Euro, den kriminelle Onlinebanking-Betrüger erwirtschaften, stärkt diese Gruppen. Stärken bedeutet, dass sie aggressiver und häufiger Online-Betrügereien begehen werden. In der Folge werden sich immer mehr Kriminelle an Onlinebanking-Betrügereien und Identitätsdiebstahl beteiligen.*

*Hinzu kommt, dass dann neue Schutzmechanismen im Onlinebanking immer weniger effektiv sind, wenn der Gegner (Onlinebanking-Betrüger) aufgrund von Einnahmen in mehrstelligen Milliardenhöhen weltweit schlicht und einfach in der Lage ist, mit immensem Wissen und Geldern neue Angriffsmöglichkeiten aufzubauen. Wir stärken also Cyberkriminelle, die nur sehr schwer zu fangen sind. Verlieren wir diesen Kampf, sind wir alle davon betroffen.*

*Seit Beginn der Onlinebanking-Manipulationen haben Banken überall auf der Welt immer sicherere Verfahren eingeführt. Mit jedem neuen Verfahren waren die Onlinebanking-Betrüger gezwungen, sich weiterzuentwickeln. Die Anfänge des Onlinebanking-Betruges waren sowohl technisch als auch von den Täuschungsversuchen her äußerst primitiv. Durch die erzwungene schrittweise Weiterentwicklung der Onlinebanking-Betrüger verfügen diese heute über ein enormes Wissen und Potenzial. Man könnte behaupten, wir haben uns einen starken Feind selbst geschaffen, indem wir ihn wortwörtlich hochgezüchtet haben.*

# DIE 10 GEBOTE
# DER ONLINEBANKING-SICHERHEIT

Im Folgenden finden Sie die zehn allgemeinen Gebote für ein sicheres Onlinebanking. „Allgemein" daher, weil für die verschiedenen Onlinebanking-Verfahren andere Regeln gelten. Diese finden Sie auf Seite 104 ff.

## 1. Sicheres Onlinebanking-Verfahren verwenden

Verwenden Sie das sicherste Onlinebanking-Verfahren Ihrer Hausbank. Mein persönlicher Favorit ist für Einzelüberweisungen das chipTAN-Verfahren (siehe Seite 112). Sollte das chipTAN-Verfahren nicht verfügbar sein, würde ich das smsTAN-Verfahren (mobileTAN; Seite 106) einsetzen. Beachten Sie in beiden Fällen die Empfehlungen für die Verfahren.

Bei beiden Verfahren haben Sie die Möglichkeit, die Empfängerdaten entweder im chipTAN-Lesegerät oder auf dem Handy zu kontrollieren. Führen Sie diese Überprüfung unbedingt sorgfältig durch. Fast alle bekannten Betrugsfälle beim chipTAN-Verfahren basieren darauf, dass Kunden die Empfängerdaten nicht kontrolliert haben! Führen Sie soweit möglich ausschließlich Einzelüberweisungen mit diesen beiden Verfahren durch.

## 2. Nutzen Sie Ihren gesunden Menschenverstand

Lassen Sie sich von Betrügern nicht „veräppeln". Häufig versuchen Kriminelle, Sie mit einfachen Tricks hereinzulegen. Beispielsweise häuften sich im ersten Halbjahr 2013 Onlinebanking-Betrügereien, bei denen Kriminelle die

Opfer anriefen und sich als Bankmitarbeiter ausgaben. Zum besseren Verständnis habe ich Ihnen ein solches Telefongespräch aufgeschrieben, welches genau in dieser Form im Dezember 2012 stattgefunden hat. Die Namen der beteiligten Personen und der Bank habe ich natürlich geändert.

*Anrufer:* Guten Tag, Herr Franz, mein Name ist Konrad Meyer, Abteilung Onlinebanking von der XY-Bank. Herr Franz, Sie haben ein Konto bei uns mit der Nummer 720697368, ist das richtig?

*Opfer-Franz:* Äh ja, warum?

*Anrufer:* Leider hat es einen Betrugsversuch mit Ihrem Bankkonto gegeben. Ein Krimineller hat versucht, 5.500 Euro von Ihrem Bankkonto zu stehlen. Machen Sie sich aber keine Gedanken. Wir haben diese betrügerische Überweisung sofort entdeckt und vorläufig gestoppt.

*Opfer-Franz:* Gott sei Dank. Dann ist alles in Ordnung?

*Anrufer:* Nicht ganz. Wir sind vom Gesetzgeber verpflichtet, jegliche Überweisungen innerhalb von vierundzwanzig Stunden durchzuführen. Deshalb haben wir jetzt zwei Möglichkeiten. Gleich vorweg, ich empfehle Ihnen, die erste Variante zu nehmen. Also die erste Variante wäre, dass wir jetzt Ihr Konto sperren. Sie kommen dann bitte zu uns nach Mainz und bringen Ihren Personalausweis mit. Sie stellen bei uns einen Stornierungsantrag für die betrügerische Überweisung und einen Antrag auf Entsperrung Ihres Bankkontos. Der Antrag auf Entsperrung wird leider in unser Zentrale in Frankfurt bearbeitet, daher dauert es circa vierzehn Tage, bis Ihr Konto wieder freigeschaltet sein wird. Selbstverständlich übernehmen wir alle Kosten für mögliche Rücküberweisungen oder fehlgeschlagene Abbuchungen, solange Ihr Bankkonto gesperrt ist.

Die zweite Variante wäre, dass wir jetzt gemeinsam online die einzelne betrügerische Überweisung stornieren.

Herr Franz, welche Variante wäre Ihnen lieber?

*Opfer-Franz:* Natürlich die zweite Variante.

*Anrufer:* Na gut, wie Sie wollen. Dann bräuchte ich bitte Ihre Login-ID und PIN für das Onlinebanking.

*Opfer-Franz:* Entschuldigen Sie bitte, Herr Meyer, aber die PIN darf ich doch an niemanden weitergeben, auch nicht an Mitarbeiter Ihrer Bank!

*Anrufer:* Das ist richtig. Deshalb empfehle ich Ihnen ja auch die erste Variante, damit Sie die Identitätsdaten nicht weitergeben müssen. Also, dann nehmen Sie die Variante eins. Ich werde dann das Konto sperren. Wann darf ich Sie in Mainz erwarten, Herr Franz?

*Opfer-Franz:* Nein, sperren Sie das Konto bitte nicht. Ich gebe Ihnen die angeforderten Daten ja. Einen kleinen Augenblick bitte.

*Anrufer:* Gerne, ich warte.

*Opfer-Franz:* Also, die Login-ID lautet 5939439443 und die PIN 6549.

*Anrufer:* Vielen Dank, bitte warten Sie kurz, ich muss mir schnell die betrügerische Überweisung aufrufen.

Aha, da haben wir sie. Gut, Herr Franz, Sie machen bei uns Onlinebanking per mobileTAN. Sie erhalten jetzt eine SMS mit den Empfängerdaten der betrügerischen Überweisung auf Ihr Handy.

*Opfer-Franz:* Moment, ich hole schnell mein Handy.

*Zwei Minuten später*

*Opfer-Franz:* Herr Meyer, die SMS ist eingegangen.

*Anrufer:* Gut, dann lassen Sie uns bitte die Daten vergleichen. Die Zielkontonummer sollte 3055502431 mit der Bankleitzahl 96010043 sein. Der Betrag wie gesagt 5.500 Euro. Stimmt das mit den Daten in der SMS überein?

*Opfer-Franz:* Ja, das stimmt.

*Anrufer:* Gut, dann geben Sie mir bitte die TAN, die in der SMS steht.

*Opfer-Franz:* Die TAN lautet 649322.

Anrufer: Einen kleinen Augenblick bitte. Okay, die betrügerische Überweisung ist jetzt storniert. Herr Franz, die betrügerische Überweisung wird für rund achtundvierzig Stunden noch auf Ihren Kontoauszügen zu sehen sein. Aber machen Sie sich bitte keine Gedanken. Ich werde morgen früh gleich ein Bestätigungsschreiben für die Stornierung der betrügerischen Überweisung an Sie versenden. Haben Sie jetzt noch Fragen, Herr Franz?

Mit solchen Methoden kann natürlich die Sicherheit eines jeden Onlinebanking-Verfahrens umgangen werden. Seien Sie misstrauisch und **geben Sie niemals Login-ID, PIN und TAN** irgendwo anders als ins direkte Onlinebanking ein, so wie Sie es kennen.

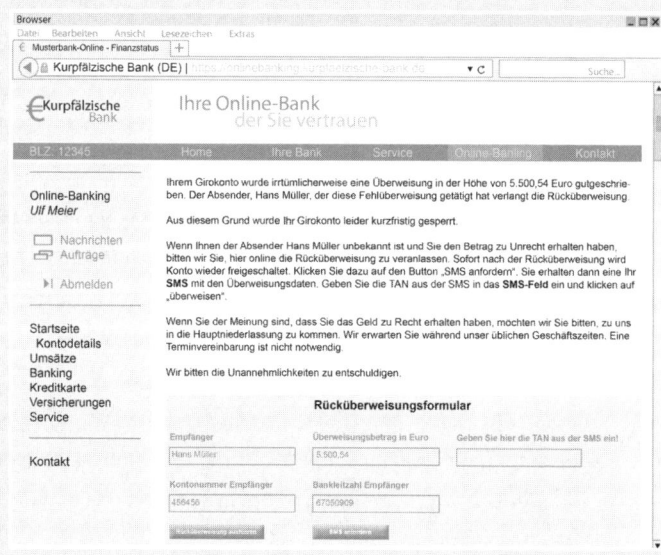

Eine andere derzeit sehr beliebte Methode zum Umgehen der Schutzmechanismen des chipTAN und smsTAN Verfahren ist die sogenannte Rücküberweisung. Ein Trojaner (Manipulationsprogramm) gaukelt Ihnen (ähnlich wie in der Grafik auf Seite 98) nach dem Login in Ihr Onlinebanking vor, dass eine Überweisung irrtümlich auf Ihr Konto überwiesen sei. Sie werden aufgefordert, zuerst die Rücküberweisung durchzuführen, bevor Sie wieder Onlinebanking machen können. Fallen Sie niemals auf solche Tricks rein! In solchen Fällen wurde Ihr Computer gehackt und eine professionelle Manipulationssoftware installiert. Rufen Sie sofort Ihre Hausbank an und fragen nach, wie Sie weiter vorgehen sollen. **Rufen Sie immer und sofort Ihre Hausbank an, wenn im Onlinebanking etwas Ungewöhnliches auftritt.**

### 3. PIN und TAN niemals speichern

Speichern Sie niemals Ihre Onlinebanking-Identitätsdaten (Konto-Nummer / Login-ID, PIN und TANs). Dies gilt besonders für Ihr Handy und Smartphone.

Geben Sie speziell PIN und TAN niemals auf anderen Webseiten als der Onlinebanking-Webseite Ihrer Hausbank ein. Seriöse Online-Zahlungsverkehrsanbieter wie beispielsweise giropay leiten Sie zuerst auf die Onlinebanking-Webseite Ihrer Hausbank weiter, bevor Sie zur Eingabe Ihrer Identitätsdaten von Ihrer Hausbank aufgefordert werden. Bei Paypal werden PIN und TAN Ihres Onlinebankings überhaupt nicht verwendet.

## 4. Überweisungslimit einrichten

Richten Sie ein Überweisungslimit für Ihr Bankkonto ein, das für Ihr typisches Zahlungsverhalten sinnvoll ist. Überweisen Sie beispielsweise selten mehr als 1.500 Euro online, dann sollten Sie ein entsprechendes Limit einrichten.

## 5. Sorgfalt ist oberstes Gebot

Beachten Sie unbedingt folgende Punkte beim Onlinebanking:

- Kontrollieren Sie regelmäßig Ihre Kontoauszüge, ob alle Transaktionen und Kontostände in Ordnung sind. Bitte beachten Sie, dass eine „Online-Kontrolle" nur von einem Computer oder Smartphone Sinn macht, von welchem Sie kein Onlinebanking ausführen, da ein Trojaner auch diese Anzeige manipulieren würde.

- Prüfen Sie sorgfältig, ob die Verbindung beim Onlinebanking per SSL verschlüsselt ist und ob das SSL-Zertifikat vertrauenswürdig ist. Stimmt hier etwas nicht, sofort abbrechen. Bedenken Sie: Auch wenn Sie die richtige Bankwebseite geöffnet haben und die Verbindung mit SSL verschlüsselt ist, kann es sein, dass Ihr Computer mit einem Onlinebanking-Trojaner infiziert ist.

- Wechseln Sie Ihre Onlinebanking-PIN oder das Zugangskennwort ein paarmal im Jahr.

- Sofern möglich und mit einem für Sie vertretbaren Aufwand realisierbar, sollten Sie nach einer Überweisung die Umsätze von einem separaten Gerät prüfen (beispielsweise Smartphone, Tablet-Computer).

## 6. Allgemeine Computersicherheit beachten

Beachten Sie die Sicherheitsempfehlungen für Ihre Computersicherheit in Kapitel 6.

## 7. Handy- und Smartphone-Sicherheit beachten

Nutzen Sie ein Onlinebanking-Verfahren, das ein Handy oder Smartphone benötigt? In diesem Fall beachten Sie bitte die Sicherheitsempfehlungen im Kapitel 5, auf Seite 162 ff.

## 8. Nur vertrauenswürdige Computer benutzen

Verwenden Sie zum Onlinebanking nur vertrauenswürdige Computer. Niemals sollten Sie Onlinebanking im Internetcafé oder von Hotelcomputern aus machen.

## 9. Nur empfohlene Banking-Apps und Banking-Software verwenden

Nutzen Sie eine App für das Onlinebanking auf Ihrem Smartphone oder eine festinstallierte Software auf Ihrem Computer? Dann sollten Sie unbedingt darauf achten, dass Sie die App einer Onlinebanking-Software verwenden, die von Ihrer Bank empfohlen wird. Vereinzelt gab es Betrugsfälle mit Onlinebanking-Software, die manipuliert wurde und dann im Internet kostenfrei zum Download angeboten worden ist.

## 10. Noch mehr Sicherheit gewünscht?

Dann verwenden Sie die spezielle Onlinebanking-CD des Heise Verlages, die Bankix.

Die Zeitschrift *c't* des Heise Verlages stellt auf der Verlagswebseite unter http://www.heise.de/download/ ct-bankix.html ein sogenanntes Live-Linux-Betriebssystem zu Verfügung. Dieses Live-System wurde speziell für ein sicheres Onlinebanking entwickelt. Die Handhabung ist zwar nicht so komfortabel wie die Verwendung des eigenen Webbrowsers, dafür aber weitaus sicherer.

# Die gängigsten Sicherheitsverfahren im Onlinebanking

Die im Folgenden beschriebenen Sicherheitsverfahren werden am häufigsten von privaten deutschen Onlinebanking-Kunden verwendet. Die Liste erhebt keinen Anspruch auf Vollständigkeit. Trotz sorgfältiger Forschungs- und Recherchearbeiten können Fehler in den Sicherheitsbewertungen auftreten. Die Bewertungen sind mit Stand Februar 2013 erstellt worden. Selbstverständlich unternehmen Banken und Sparkassen auch im Hintergrund große Anstrengungen, um ihre Kunden zu schützen. Vereinzelt werden einige Leser folgende Erfahrung gemacht haben:

Das Telefon klingelt und ein Mitarbeiter der Hausbank ist am Telefon. Dieser sagt Ihnen, dass Sie sich einen Onlinebanking-Trojaner eingefangen haben. Verwundert fragen Sie sich vielleicht, ob Ihre Hausbank Ihren Computer überwacht. Nein, keine Sorge. Eine von diversen Maßnahmen zur Bekämpfung von Phishing ist das Suchen von Servern im Internet, auf denen Onlinebanking-Trojaner gestohlene Onlinebanking-Zugangsdaten (zum Beispiel: Kontonummer und PIN) ablegen. Werden solche Server gefunden, versuchen Spezialisten die gestohlenen Daten auszulesen. Damit wissen Banken teilweise schon bevor ein Onlinebanking-Betrug durchgeführt wird, wer davon betroffen ist und informieren umgehend ihre Kunden. Die meisten Banken führen noch weitere Maßnahmen im Hintergrund durch, um ihre Kunden zu schützen, die ich aber nicht im Buch erwähnen möchte, da prinzipiell die Gefahr besteht, dass auch Kriminelle dieses Buch lesen werden.

Fallen Sie aber nicht auf betrügerische Anrufe vermeintlicher Bankmitarbeiter rein, wie ich auf der Seite 96 ff. im zweiten Gebot beschrieben habe.

## PIN/TAN-Verfahren

Das PIN/TAN-Verfahren dürfte den meisten Onlinebanking-Nutzern noch gut in Erinnerung sein. Nahezu alle Banken und Sparkassen in Deutschland haben inzwischen das Verfahren eingestellt. Zu viele Manipulationen von Onlinebanking-Überweisungen wurden seit dem Jahr 2003 durchgeführt; die Schäden beliefen sich auf mehrstellige Millionen-Eurobeträge.

**Bewertung der Sicherheit:** Nicht einsetzen

## Kommentar

*Persönlich bin ich der Meinung, dass der Einsatz dieses Verfahrens grob fahrlässig ist. Sowohl seitens einer Bank, die das noch anbietet, als auch seitens von Bankkunden, die ein solches Verfahren noch verwenden. Auch wenn Ihre Hausbank Ihnen garantiert, für eventuelle Schäden aufzukommen, sollten Sie dringend Abstand von diesem Verfahren nehmen. Zum einem unterstützen Sie mit jedem Schaden kriminelle Gruppierungen und zum anderen muss Ihre Hausbank das Ihnen dann hoffentlich ersetzte Geld irgendwo hernehmen. Sie können ja raten, wer die Rechnung letztendlich und logischerweise zahlen muss.*

# iTAN / iTAN+

Das iTAN oder „indizierte TAN-Verfahren" stellte bis ins Jahr 2008 ein sinnvolles und kurzfristig auch zeitgemäßes Übergangsverfahren dar, um die einfachsten Phishing-Angriffe zu verhindern. Aber schon mit Einführung war klar, dass schnell neue und sicherere Verfahren entwickelt werden müssen, was fast alle Banken auch gemacht haben.

**Bewertung der Sicherheit:** Nicht einsetzen

## Kommentar

*Das Verfahren bietet keinen ausreichenden Schutz gegen moderne Onlinebanking-Trojaner. Sollten Sie trotzdem gezwungen sein, dieses Verfahren zu verwenden, dann beachten Sie unbedingt die Schutzempfehlungen für Computer im Kapitel 6 auf Seite 177 ff.. Sie sollten auch dringend die allgemeinen Schutzmaßnahmen zum Onlinebanking auf Seite 95 ff. beachten.*

*Wie für alle anderen im Folgenden beschriebenen Gefahren gilt für das iTAN-Verfahren auch, dass Kriminelle versuchen werden, Sie mithilfe von E-Mails oder gefälschten Webseiten zu täuschen und dann zur Eingabe von PIN und TAN beispielsweise in einem Webformular zu verleiten.*

**Geben Sie niemals Onlinebanking-Identitätsdaten (zum Beispiel PIN und TAN) für etwas anderes als Überweisungen ein.**
Verwenden Sie zum Onlinebanking nicht einen Webbrowser, sondern eine professionelle Onlinebanking-Software.

Mein persönlicher Favorit ist dabei die Software Starmoney, die meiner Meinung nach die derzeit höchste Sicherheit gegen Manipulationen implementiert hat.

Eine andere und definitiv sicherere Methode ist der Einsatz der Bankix-Lösung des c't-Verlages. Sie finden diese Variante und Anleitungen dazu auf der Website des Verlages http://www.heise.de/download/ct-bankix.html

## mTAN / mobileTAN / smsTAN

Zum besseren Verständnis wird das Verfahren im Folgenden smsTAN-Verfahren genannt.

Die Sicherheit des smsTAN-Verfahrens basiert darauf, dass Bankkunden keine TAN-Liste auf Papier mehr haben. Die für eine Überweisung benötigte TAN wird für jede einzelne Überweisung neu erzeugt und mit Kontroll-daten (zum Beispiel Konto-nummer des Empfängers und dem Überweisungsbetrag) in einer SMS an den Kunden gesendet.

> Die TAN für Ihre Überweisung über 5043,32 Euro auf das Konto 49348329 lautet 439942, Zeit 14:33:42

Die in der SMS übersendete TAN ist nur für kurze Zeit und ausschließlich für die Kontonummer und den Betrag gültig, der in der zugesendeten SMS steht. Die Sicherheit steht und fällt also mit dem Onlinebanking-Kunden, der die Überweisungsdaten in der SMS kontrollieren muss, bevor eine Überweisung freigegeben wird. Abzuwarten bleibt, wie die jeweiligen Banken die ab 1. Februar 2014 (mit einer Übergangsfrist bis zum 1. Februar 2016) verpflichtende Umstellungen des bisherigen Systems von Kontonummer und Bankleitzahl auf die internationalen Kontonummern (IBAN) umsetzen.

Die Sparkassen zeigen beim smsTAN- und beim chipTAN-Verfahren jeweils die letzten zehn Stellen der IBAN an. Diese Stellen sind die Kontonummer des jeweiligen Empfängers. Lassen Sie sich bei anderen Banken unbedingt von Ihrem Kundenberater aufklären. Sie müssen verstehen, wie Sie die IBAN in der SMS kontrollieren können, ansonsten haben Sie keine Sicherheit!

**Bewertung der Sicherheit bei Einzelüberweisungen im Inland:** Sicher (mit Einschränkungen, dazu bitte die Empfehlungen zum Einsatz beachten).

**Bewertung der Sicherheit bei Sammelweisungen:** Bedingt einsetzbar – sicher nur, wenn jede einzelne Überweisungsposition in der SMS aufgelistet wird.

**Empfehlung zum Einsatz:**

• Verwenden Sie immer zwei getrennte Geräte (zum Beispiel: Computer + Handy), niemals nur eins. Wird die SMS auf dem Gerät empfangen, von dem aus auch das eigentliche Onlinebanking durchgeführt wird, ist keine höhere Sicherheit vorhanden.

• Befolgen Sie die Sicherheitsempfehlungen für Ihr Handy / Smartphone im Kapitel 5 auf Seite 162 ff..

• Kontrollieren Sie immer, ob die Überweisungsempfängerdaten in der SMS stimmen! Beachten Sie die besondere Darstellung der Empfängerdaten in der SMS bei Überweisungen ins Ausland!

• Denken Sie immer daran: Sobald Sie eine TAN eingeben, wird Ihr Geld überwiesen. Auch wenn es sich um eine vermeintliche Testüberweisung, Identitätsüberprüfung oder Rücküberweisung handelt.

- Werden Sie auf der Bank-Website zu etwas aufgefordert, was vorher nicht so war (beispielsweise zur Eingabe Ihrer Handynummer), dann brechen Sie sofort das Onlinebanking ab und rufen umgehend Ihre Bank an!
- Speichern Sie niemals Ihre PIN auf dem Handy oder Smartphone. Wird es gestohlen, hätten Kriminelle die Möglichkeit, Überweisungen direkt auszuführen. Der Kennwortschutz des Handys kann leicht umgangen werden.

**Folgende Gefahren bestehen bei smsTAN weiterhin:**

**1. Fehler des Benutzers**

Der Onlinebanking-Kunde erhält die SMS mit den Kontrolldaten und der TAN, prüft aber nicht, ob die richtige Kontonummer und der richtige Betrag in der SMS stehen. Kaum vorstellbar, dass Bankkunden so fahrlässig handeln, aber leider kommt dies recht häufig vor! Denken Sie an Sven Wohlfahrt. Sven hatte genau diesen Fehler gemacht und die Empfängerdaten in der Kontroll-SMS nicht überprüft.

**2. Täuschung des Benutzers per Trojaner**

Betrüger versuchen Onlinebanking-Kunden zu täuschen und damit die Sicherheitsfunktionen des smsTAN-Verfahrens zu umgehen. Auf das smsTAN-Verfahren spezialisierte Trojaner gehen wie folgt oder ähnlich vor:

Nach der Infektion eines Computers wartet der Trojaner, bis der Bankkunde eine Onlinebanking-Website öffnet. Dann erscheint nach dem Login beispielsweise eine ungewöhnliche Meldung wie: **Identitätsprüfung**, **Systemüberprüfung**, **Überweisungsrückruf** oder Ähnliches. Sie werden dann informiert, dass Ihnen eine SMS auf Ihr Handy gesendet wird und Sie zur Kontrolle die TAN aus der SMS in das Online-

banking eingeben sollen. Natürlich kommen solche Auf-
forderungen nicht von der Bank, sondern von den Betrügern.
Sollten Sie solchen Aufforderungen nachkommen und die
TAN aus der SMS in den Webbrowser eingeben, wird Ihnen
Geld gestohlen!

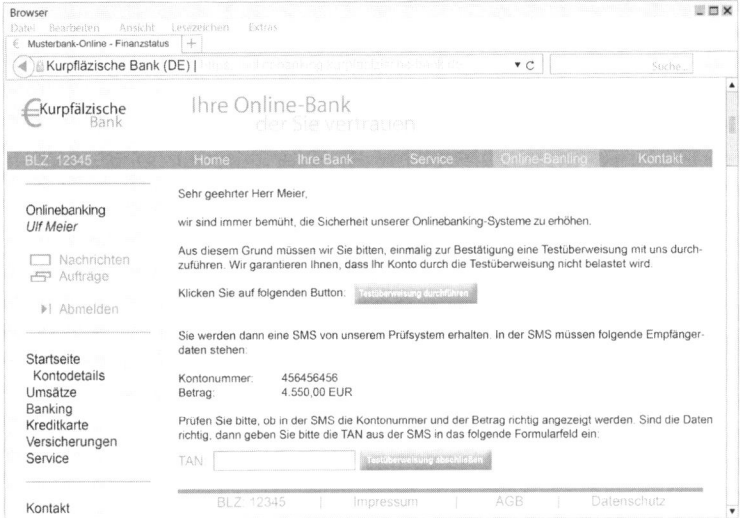

### 3. Täuschung des Benutzers per Telefon

Vereinzelt versuchen Betrüger Onlinebanking-Kunden, die
das smsTAN-Verfahren verwenden, per Telefon zu täuschen.
Lesen Sie dazu auf Seite 96 ff. das Telefonat zwischen einem
Onlinebanking-Betrüger und einem Bankkunden.

### 4. Verlust des Smartphones

Sind auf dem Handy/Smartphone, auf welches der Onlinebanking-Kunde die TAN-SMS gesendet bekommt, die Onlinebanking-Zugangsdaten gespeichert? Wenn das Handy/Smart-
phone gestohlen wird oder verloren geht, besteht die Gefahr,

dass Kriminelle damit Ihre Bankkonten leerräumen, da sowohl
die Zugangsdaten auf dem Handy vorhanden sind, als auch
die TAN automatisch an das Handy geschickt wird. Beachten
Sie, dass beispielsweise ein vierstelliger Schutzcode für das
Anmelden am Smartphone schnell gehackt werden kann.

5. **Überlistung von Computer, Smartphone und Benutzer**
   Modernere Versionen der Onlinebanking-Trojaner gehen
   beim Onlinebanking-Betrug weiter. Wie bei den Vorgänger-
   versionen wird zuerst ein Computer eines Onlinebanking-Kunden mit dem Trojaner infiziert. Erkennt der Trojaner,
   dass auf dem Computer Onlinebanking mit dem Verfahren
   smsTAN durchgeführt wird, wird ein neues Modul des
   Trojaners aktiviert.
   Beim nächsten Login in das Onlinebanking erhält der
   Benutzer beispielsweise die Aufforderung, seine Handy-Nummer und sein Handy-Modell in ein Formularfeld

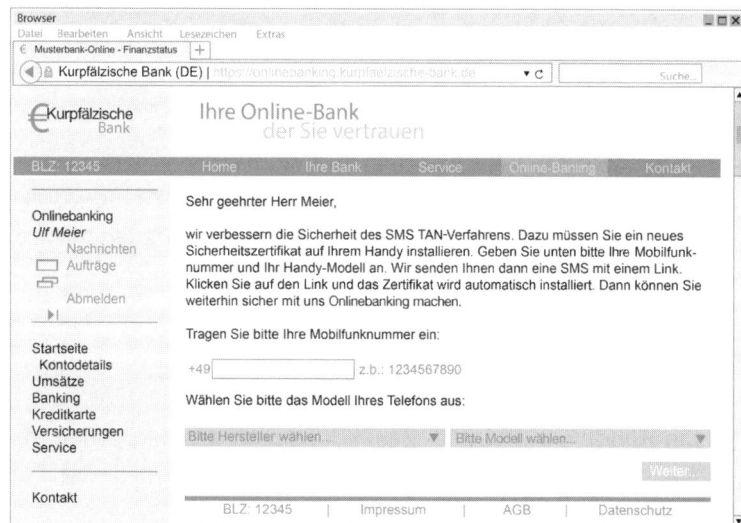

einzutragen, da zur Absicherung des Onlinebankings **angeblich** ein neues Sicherheitszertifikat oder Sicherheits-Update auf dem Handy oder Smartphone installiert werden müsse.

Gibt der Onlinebanking-Kunde dann seine Handy-Nummer ein, erhält er per SMS einen Hyperlink zugeschickt. Auf diesen Hyperlink soll er klicken, damit das neue Sicherheitszertifikat oder Update installiert werden kann.
Selbstverständlich wird kein Sicherheitszertifikat oder Update installiert, sondern ein für das Handy angepasster Trojaner. Dieser Trojaner ist in der Lage, auf dem Handy eingehende SMS abzufangen und zu den Betrügern umzuleiten. So können Betrüger Online-Überweisungen von den Konten der Opfer ausführen, ohne dass diese etwas davon merken. Teilweise werden sogar die Anzeigen der Kontostände und Überweisungen manipuliert.

> Sehr geehrter Herr Meier,
> klicken Sie hier, um das neue Sicherheitszertifikat zu installieren
> https://android.kurpfael zische-bank.de/certificate.
> Ihre Kurpfälzische Bank AG

## 6. Zukünftige Trojaner-Versionen

In absehbarer Zeit werden wahrscheinlich neue Onlinebanking-Trojaner entwickelt, die nach einer Infektion eines Computers versuchen werden, ohne Hilfe des Computerbenutzers deren Smartphones mit einer mobilen Variante des Trojaners zu infizieren.

## chipTAN / chipTAN comfort / SmartTANplus

Im Folgenden werden die Verfahren chipTAN / chipTAN comfort und SmartTANplus als chipTAN-Verfahren bezeichnet. Das chipTAN-Verfahren gilt nach Stand der Technik heute bei Einzelüberweisungen als technisch sicher. Die Sicherheit beim chipTAN-Verfahren besteht darin, dass Bankkunden keine „Vorrats-TAN-Liste" auf Papier mehr haben. Die für eine Überweisung benötigte TAN wird für jede einzelne Überweisung aus dem Chip der eingesetzten Bankkarte und den Überweisungsdaten (beispielsweise Empfänger-Kontonummer und Bankleitzahl und Überweisungsbetrag) neu erzeugt. Die Erzeugung findet im Chip der Bankkarte unabhängig von dem für das Onlinebanking verwendeten Computer statt. Die generierte TAN ist ausschließlich für die Kontonummer und den Betrag gültig, die zur Generierung der TAN verwendet worden sind. Auch wenn ein Computer von einem Onlinebanking-Trojaner befallen ist, der unsichtbar im Hintergrund die Überweisungsempfängerdaten (Kontonummer, Bankleitzahl, Betrag) verändert, wird diese Überweisung von der Bank nicht ausgeführt.

Grundsätzlich wird zwischen zwei chipTAN-Verfahren unterschieden:

*   Dem manuellen chipTAN-Verfahren, bei dem der Onlinebanking-Kunde per Hand die Kontonummer, gegebenenfalls die Bankleitzahl und den Betrag in den TAN-Generator eingibt, um damit eine TAN zu erzeugen.
*   Dem komfortablen Verfahren, bei dem der Onlinebanking-Kunde zuerst auf der Webseite seiner Bank das Überweisungsformular ausfüllt und dann einen sogenannten **Flickercode** auf der Webseite angezeigt bekommt. Vor diesen Flickercode hält der Onlinebanking-Kunde dann den

TAN-Generator. Der TAN-Generator liest über optische Sensoren die Kontonummer und die Bankleitzahl des Zahlungsempfängers und den zu überweisenden Betrag aus und zeigt diese Werte einzeln im Display des TAN-Generators an.

**Bewertung der Sicherheit:** Sehr sicher bei Einzelüberweisungen Die Sicherheit bei SEPA-Überweisungen mit einer IBAN kann stark reduziert werden, wenn der Benutzer sich mit der Prüfung der IBAN nicht auskennt und durch eine manipulierte Webseite getäuscht wird.

**Bewertung der Sicherheit bei Sammelüberweisungen:** Nur bedingt einsetzbar, wenn die einzelnen Überweisungsempfänger (beispielsweise Kontonummer, Bankleitzahl und Betrag) nicht angezeigt werden Sehr sicher, wenn die einzelnen Überweisungsdaten (beispielsweise Kontonummer, Bankleitzahl und Betrag) angezeigt werden.

**Empfehlung zum Einsatz:**
So machen Sie sicheres Onlinebanking mit dem chipTAN-Verfahren ohne manuelle Eingabe der Empfängerdaten in den TAN-Generator:

• Füllen Sie wie gewohnt im Onlinebanking das Überweisungsformular aus.
• Prüfen Sie vor dem nächsten Schritt, ob die Zahlungsempfängerdaten und der Betrag richtig sind.
• Nachdem Sie mit dem TAN-Generator den sogenannten Flickercode ausgelesen haben, werden Ihnen im Display des TAN-Generators folgende Kontrolldaten angezeigt:

- Überweisungsziel: Inland oder Ausland (abhängig vom Anbieter/Bank)
- Kontonummer des Empfängers (immer)
- Bankleitzahl des Empfängers (abhängig vom Anbieter/Bank)
- Überweisungsbetrag (immer)
- Prüfen Sie immer, ob die Kontrolldaten stimmen. Sollten diese nicht richtig sein, brechen Sie sofort das Onlinebanking ab und rufen Sie Ihre Bank an. Sie werden dann wahrscheinlich einen Onlinebanking-Trojaner auf Ihrem Computer haben.
- Stimmen die Kontrolldaten, dann geben Sie die TAN, die im Display des TAN-Generators angezeigt wird, in das Onlinebanking ein. Die TAN ist nur für die im Display des TAN-Generators angezeigten Kontrolldaten gültig. Eine andere Überweisung kann damit nicht durchgeführt werden.

So machen Sie sicheres Onlinebanking mit dem chipTAN-Verfahren mit manueller Eingabe der Empfängerdaten in den TAN-Generator. (Das Verfahren, bei dem Sie manuell die Überweisungsempfängerdaten in den TAN-Generator eingeben müssen, ist zwar nicht so komfortabel, aber dafür sicherer.):

- Füllen Sie wie gewohnt im Onlinebanking das Überweisungsformular aus.
- Prüfen Sie vor dem nächsten Schritt, ob die Zahlungsempfängerdaten und der Betrag richtig sind.
- Sie wählen die Option TAN durch manuelle Erfassung aus.
- Sie geben nacheinander die Überweisungsdaten in den TAN-Generator ein (zum Beispiel Kontonummer, Bankleitzahl, Überweisungsbetrag) und erzeugen dann eine TAN.

- Sie geben die erzeugte TAN ins Onlinebanking-Formular ein.
- Die erzeugte TAN ist nur für die von Ihnen in den TAN-Generator eingegebenen Überweisungsempfängerdaten gültig. Eine andere Überweisung kann damit nicht durchgeführt werden.

## Kommentar

*Das einzige Risiko bei Einzelüberweisungen des chip-TAN-Verfahrens besteht derzeit darin, dass ein Benutzer von Betrügern getäuscht wird und mithilfe des TAN-Generators und der Bankkarte eine TAN für eine betrügerische Überweisung generiert oder dass ein Benutzer schlicht und einfach die Überweisungsempfängerdaten im TAN-Generator nicht überprüft.*

*Denken Sie immer daran: Ihre Bank wird Sie niemals auffordern, eine TAN zu Testzwecken, Sicherheitsüberprüfungen oder Ähnlichem zu generieren! Fallen Sie bitte auch nicht auf Betrüger rein, die Sie anrufen und sich als Bankmitarbeiter ausgeben und Sie dann auffordern, mithilfe des TAN-Generators und Ihrer Bankkarte eine TAN zu erzeugen.*

Es gibt mittlerweile ein paar typische Beispiele von Betrugsversuchen, um Bankkunden zu überlisten, eine gültige TAN für eine betrügerische Überweisung zu erzeugen:

**Beispielvariante 1: Vorgetäuschte Fehlüberweisung**

Nachdem Sie sich in Ihr Onlinebanking eingeloggt haben, erscheint möglicherweise folgende Meldung:

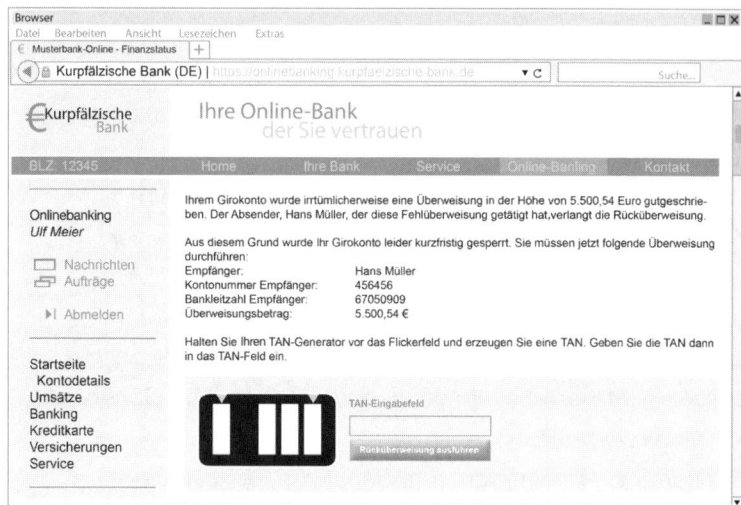

Nachdem Sie dann auf „Rücküberweisung ausführen" geklickt haben, erscheint entweder der Flickercode oder Sie werden zur manuellen Eingabe der Zahlungsempfängerdaten in den TAN-Generator aufgefordert.

Achtung: Selbst wenn Sie die Umsätze online prüfen, werden Sie feststellen, dass die 5.500,54 Euro Ihrem Konto gutgeschrieben worden sind. Natürlich wird diese Anzeige ebenfalls durch den Trojaner verursacht. Seien Sie bitte achtsam.

**Beispielvariante 2: Sicherheitsprüfung**

Ebenfalls sehr beliebt ist die Variante, Bankkunden eine notwendige Sicherheitsprüfung vorzutäuschen. Nachdem Sie sich in Ihr Onlinebanking eingeloggt haben, erscheint möglicherweise folgende Meldung, dass Sie eine Testüberweisung

durchführen müssen, bevor Sie Onlinebanking machen können. Fallen Sie auf solche Tricks bitte nicht rein.
Selbstverständlich gibt es noch viele weitere Täuschungsver-
suche, die allein dieses Buch füllen könnten. Beachten Sie
einfach, dass Sie Ihren TAN-Generator und Ihre Bankkarte zur
Generierung von TANs verwenden und dass dann Geld überwiesen wird, egal was Ihnen auf der Onlinebanking-Website
vorgegaukelt wird. Rufen Sie im Zweifelsfall immer die Onlinebanking-Hotline Ihrer Bank an.

## Grundregeln zum sicheren Onlinebanking mit dem chipTAN-Verfahren

Mit dem TAN-Generator und Ihrer Bankkarte erzeugen Sie
TANs. Diese werden für Überweisungen verwendet. Fallen Sie
nicht auf die Tricks der Betrüger rein und verwenden Sie Ihren
TAN-Generator und Ihre Bankkarte niemals für einen anderen
Zweck als für das Erstellen von TANs für Überweisungen.
Werden Sie aufgefordert, Ihren TAN-Generator und Ihre Bankkarte für irgendetwas anderes zu verwenden, dann brechen Sie
sofort den Vorgang ab. Rufen Sie dann möglichst die Onlinebanking-Hotline Ihrer Bank an, nicht Ihren normalen Kundenberater.
Leider haben wir schon Phishing-Fälle gehabt, bei denen Kundenberater falsche Antworten gegeben und damit unbewusst
und ungewollt betrügerische Handlungen ermöglicht haben.
Verwenden Sie das chipTAN-Verfahren nur für Einzelüberweisungen. Die Sicherheit ist bei Sammelüberweisungen nicht
gewährleistet. Sollten Sie vier oder fünf Überweisungen durchführen müssen, dann führen Sie diese einzeln durch. Dieser
Mehraufwand ist elementar für die Sicherheit im Onlinebanking.
Sollten Sie nicht nur vier oder fünf, sondern Dutzende oder gar
Hunderte von Überweisungen durchführen müssen, dann ist

das chipTAN-Verfahren definitiv das falsche Verfahren für Sie. Lassen Sie sich in diesem Fall von Ihrer Bank beraten, welches Verfahren für Sie geeignet ist.

Fallen Sie bitte auch nicht auf Betrüger rein, die Sie anrufen und sich als Bankmitarbeiter ausgeben oder Ihnen einen Brief per Post zusenden und auffordern, einen notwendigen Test oder Ähnliches durchzuführen.

## eTAN-Verfahren

Das einfache eTAN-Verfahren wird nur von wenigen Banken eingesetzt. Das einfache eTAN-Verfahren bietet anders als das chipTAN-Verfahren keine Sicherheit gegen aktuelle Online-banking-Trojaner.

**Bewertung der Sicherheit**: Nicht einsetzen!

## HBCI (Home Banking Computer Interface)

Das HBCI-Verfahren wird häufig als das sicherste Onlineban-king-Verfahren dargestellt. Dies ist nur bedingt richtig. Das HBCI-Verfahren kann auch beim Einsatz eines Klasse-3-Chip-kartenlesers manipuliert werden. Richtig ist aber, dass bisher keine oder nur sehr wenige Manipulationen bekannt geworden sind. Der Hauptgrund liegt darin, dass HBCI meistens mit einer Onlinebanking-Software durchgeführt wird, die nur eine geringe Verbreitung im Verhältnis zum Onlinebanking per Webbrowser haben. Dabei sollte beachtet werden, dass eine Onlineban-king-Betrugswelle im Jahr 2012 gezielt Onlinebanking-Verfahren angriff, die Chipkarten-Lesegeräte mit eigenem Tastaturfeld verwendeten.

Das HBCI-Verfahren gibt es in zwei Ausführungen. Einmal mit einer Chipkarte, was eine gute Sicherheit bietet und einmal per Sicherheitsdatei. Die Sicherheitsdatei wird auf eine Diskette, auf einen USB-Stick oder auf die jeweilige Festplatte gespeichert und bietet damit eine unzureichende Sicherheit.

**Bewertung der Sicherheit**: Sicher

**Empfehlung zum Einsatz:**
Derzeit kann das Verfahren **noch ohne Bedenken** eingesetzt werden, wenn ein paar Grundregeln dabei beachtet werden:

* Verwenden Sie eine professionelle Onlinebanking-Software eines vertrauenswürdigen Herstellers.
* Laden Sie solche Programme niemals von unbekannten Webseiten aus dem Internet herunter, auch nicht über Klicks auf Hyperlinks in E-Mails.
* Verwenden Sie zum Onlinebanking per HBCI immer spezielle HBCI-Chipkarten mit einem Chipkartenleser der Klasse 2 oder 3. Niemals einen Chipkartenleser der Klasse 1, eine Diskette, einen USB-Stick oder PIN/TAN verwenden.

## pushTAN-Verfahren

Das pushTAN-Verfahren ist das neueste Onlinebanking-Verfahren der deutschen Sparkassen und soll zum Teil das sms-TAN-Verfahren ablösen. Für das Verfahren wird auf einem Smartphone eine spezielle App (pushTAN) installiert. Der Bankkunde führt wie gewohnt sein Onlinebanking durch. Die TAN erhält der Kunde in diesem Fall nicht per SMS, sondern in die pushTAN-App übermittelt. In dieser App muss der Kunde prüfen, ob die Empfängerdaten (Kontonummer, Bankleitzahl und Betrag) stimmen. Stimmen die Empfängerdaten, dann nimmt der Onlinebanking-Kunde die TAN und gibt Sie ins Onlinebanking ein und die Überweisung wird durchgeführt. Momentan kann ich noch keine seriöse Bewertung zur Sicherheit des Verfahrens abgeben, da das pushTAN-Verfahren zum Zeitpunkt der Bucherstellung nur bei einigen wenigen ausgewählten Sparkassen im Einsatz ist.

**Empfehlung zum Einsatz:**
Kontrollieren Sie unbedingt die in der pushTAN-App angezeigten Empfängerdaten. Stimmen diese nicht, dann brechen Sie den Onlinebanking-Vorgang sofort ab und rufen Sie die Onlinebanking-Hotline Ihrer Bank an!
Halten Sie die Software auf Ihrem Smartphone immer aktuell und installieren Sie umgehend jedes Update. Verwenden Sie niemals ein iPhone mit Jailbreak oder ein gerootetes Android-Handy zum Onlinebanking.

# Thema Geldwäsche

Werden Sie nicht **unabsichtlich** zum kriminellen Geldwäscher! Wie Sie in den beiden Fallgeschichten am Anfang des Kapitels gelesen haben, gibt es neben dem Opfer im Onlinebank-Betrug, dem Geld gestohlen wird, meistens noch ein weiteres Opfer, den unfreiwilligen Finanzagenten.
Geldwäsche-Organisationen können gestohlene Gelder nicht direkt auf eigene Konten überweisen lassen. Würden sie das tun, dann hätte die Polizei kein Problem, die Kriminellen zu identifizieren.

Also gehen sie anders vor. Beispielsweise suchen Geldwäscher per E-Mail, Zeitungsanzeige und in Jobbörsen nach Mitarbeitern. Diesen wird vorgegaukelt, es würde sich um einen einfachen, legalen und vor allem lukrativen Job handeln.

Über das Bankkonto des „neuen Mitarbeiters", den ich im Folgenden als Finanzagenten bezeichne, sollen Zahlungen des Arbeitgebers abgewickelt werden, da dieser beispielsweise noch keine Niederlassung in Deutschland hat. Der Finanzagent stellt also seinem Arbeitgeber sein eigenes Girokonto zur Verfügung. Auf das Girokonto werden dann Überweisungen eingehen. Die einzige Aufgabe des Finanzagenten besteht darin, die Überweisungen beispielsweise in bar abzuheben und zu einem Geldtransferservice wie Western Union Money Transfer zu bringen und dort das Geld bar einzubezahlen. Manchmal soll der Finanzagent auch Internetguthabenkarten erwerben oder er händigt das Geld in bar einem Mittelsmann aus. Der Finanzagent erhält in der Regel eine Provision für seine Tätigkeit.

Beachten Sie unbedingt: Unwissenheit schützt vor Strafe nicht! Auch wenn der Finanzagent nach bestem Wissen und Gewissen handelt. Vielleicht hat er die Stelle sogar in der Jobbörse der Bundesagentur für Arbeit gefunden. Trotzdem kann er zivil- und strafrechtlich belangt werden.

Der Finanzagent betreibt in diesem Fall ein gewerbsmäßiges Finanztransfergeschäft und das erfordert eine schriftliche Erlaubnis der Bundesanstalt für Finanzdienstleistungen. Des Weiteren kommt eine Strafbarkeit wegen Geldwäsche und unter Umständen wegen Beihilfe zum Computerbetrug in Betracht. Ebenfalls problematisch können die zivilrechtlichen Konsequenzen für den Finanzagenten werden. Häufig kann der Finanzagent für den entstandenen Schaden in Haftung genommen werden und muss dann entsprechend die überwiesenen Gelder an das ursprüngliche Betrugsopfer zurückzahlen. Kriminelle Geldwäscher werden dabei immer dreister. In einigen Fällen werden die Gelder auf Konten von ahnungslosen Bankkunden überwiesen, die vorher keinen Kontakt zu den Geldwäschern hatten. Dann rufen die Geldwäscher den ahnungslosen Bankkunden an. Die Geldwäscher geben sich am Telefon beispielsweise als Unternehmer aus. Während des Telefonats erzählen sie dem Bankkunden, dass sie leider eine „Fehlüberweisung" auf das Konto des Bankkunden getätigt haben und bitten dringend um Rücküberweisung, allerdings auf ein anderes Bankkonto. Häufig wird dem Bankkunden als Entschädigung für die entstandenen Unannehmlichkeiten eine kleinere Summe quasi als Entschädigung angeboten.

Unverschämt, aber es funktioniert.

**Um sich gegen derartige Machenschaften zu schützen**, verwenden Sie niemals Ihr Bankkonto für die Abwicklungen von Zahlungen für dritte Personen, auch wenn es sich um ein lukratives Angebot handelt. Seien Sie besonders vorsichtig bei Urlaubs- oder anderen neuen Bekanntschaften. Die Dreistigkeit der Kriminellen kennt definitiv keine Grenzen. Kaum zu glauben ist die folgende, leider auch wahre Geschichte:

Im Jahr 2007 lernte ein Polizist der Bundespolizei in einem Internetcafé in Freiburg im Breisgau einen Mann namens Mirko kennen. Dieser gab sich als Automobilhändler aus und bat den Polizisten nach einigen Wochen, sein Konto für einige Geldtransfers nutzen zu dürfen. Der Polizist stimmte zu. Am 29. Januar 2007 traf sich der Bundespolizist mit dem vermeintlichen Autohändler Mirko. Dieser schickte den Polizisten mehrfach in verschiedene Filialen von dessen Hausbank. Insgesamt gingen

an diesem Tag fünf Überweisungen in der Höhe von 8.900.-
Euro, 9.900.- Euro, 25.000.- Euro, 18.500.- Euro und 18.900.-
Euro auf dem Konto des Bundespolizisten ein. Dieser hob das
Geld bis auf 400.- Euro in bar ab und übergab es seinem
Bekannten.

Der Polizist vertraute seinem vermeintlichen Freund Mirko. Hätte
der Polizist auch nur vermutet, dass es sich dabei um eine
Straftat handelt, hätte er sicherlich nicht für 400 Euro seine
Karriere bei der Bundespolizei aufs Spiel gesetzt. Die strafrecht-
lichen Konsequenzen für einen Polizeibeamten können Sie sich
sicherlich vorstellen. Am 1. September 2009 wurde der Polizist
vom Amtsgericht Neukölln verurteilt, einen Teil des von ihm
transferierten Geldes zurückzuerstatten. Der Polizist wurde
entlassen und wird nie wieder als Polizist arbeiten können.

Sie sehen, auch Polizisten sind nur Menschen. Seien Sie daher
misstrauisch und ruinieren Sie sich Ihr Leben nicht durch die
Ausführung solcher Geldgeschäfte, auch nicht für vermeintliche
Freunde!

*Weitere Themen und Ergänzungen finden Sie immer aktuell
auf der Buch-Website www.tatort-www.de*

# 4.

# IDENTITÄTS-
## DIEBSTAHL

# Post vom Inkassobüro

Müde kam Dieter Hader an einem Donnerstagabend im Mai 2012 aus dem Büro nach Hause. Das letzte Beratungsgespräch am Spätnachmittag mit einem seiner wichtigsten Anlagekunden, der sein Vermögen teilweise umschichten wollte, hatte sich wesentlich länger hingezogen als gedacht. Im Wohnzimmer drückte er seine Frau zur Begrüßung an sich. Natalie sah ihn verschmitzt grinsend an: „Na, Schatz, jetzt ist es raus. Du hast eine Geliebte!"

Verdutzt sah Dieter sie an. „Äh, was habe ich?"

„Na, eine Geliebte", erwiderte Natalie trocken.

„Wie kommst du denn auf so was?"

„Tja, da ist ein Brief gekommen, von einem Inkassobüro. Du hast wohl vergessen, irgendwelche Klunker zu bezahlen, die du einer anderen Frau geschenkt hast. So kommt's raus, mein Lieber, dumm gelaufen!"

„Veräppelst du mich?", fragte Dieter.

Schweigend sah Natalie ihrem Mann ernst in die Augen, bis sie ein Grinsen nicht mehr unterdrücken konnte.

„Nur zum Teil. Du hast wirklich einen Brief von einem Inkassobüro bekommen. Die schreiben, du hättest eine Bestellung bei einem Online-Schmuckhandel nicht bezahlt und drohen jetzt mit einem Mahnbescheid, wenn du nicht innerhalb von vierzehn Tagen 855 Euro zahlst."

„Das ist doch Blödsinn, ich habe nirgendwo etwas bestellt. Lass es einfach liegen, ich kümmere mich am Montag darum, die haben mich bestimmt mit jemandem verwechselt."

Amüsiert über ihren gelungenen Coup mit der vermeintlichen Geliebten legte Natalie das Schreiben zu der übrigen Post, während Dieter wie jeden Abend die Stunde vor dem Abendessen in Facebook und Xing verbrachte.

„Dieter, dein Telefon klingelt seit zehn Minuten Sturm." Dieters Arbeitskollege Markus unterbrach kurz die interne Besprechung am Freitagnachmittag und reichte ihm den Apparat mit einem entschuldigenden Blick in die Runde. Weil er während des nervigen Sturmläutens auf dem Display „Natalie" erkannt hatte, vermutete Markus einen Notfall in Dieters Familie. Dieter trat aus dem Besprechungszimmer in den Flur und Markus ging zurück in ihr benachbartes, gemeinsames Büro.

„Dieter, ist alles in Ordnung?", fragte Markus besorgt, als Dieter sich nach ein paar Minuten kreidebleich am Türrahmen festhielt. „Ich muss sofort nach Hause", murmelte Dieter und verschwand ohne ein weiteres Wort.

Zu Hause erwartete ihn Natalie, mit den Nerven völlig am Ende. Drei weitere Inkassobüros hatten geschrieben und forderten insgesamt 2.900.- Euro von Dieter. Zwei drohten mit Mahnbescheiden, ein Inkassobüro kündigte sogar an, Dieter zur Abgabe einer Eidesstattlichen Versicherung zwingen zu wollen.

„Ich verstehe das nicht", murmelte Dieter verstört, während er die Briefe las. „Bei den Firmen haben wir doch niemals etwas bestellt!"

„Dieter, du musst jetzt sofort reagieren. Ruf bei den Inkassobüros an. Notfalls nehmen wir uns einen Anwalt. Das muss dringend geklärt werden", forderte Natalie. „Du kannst dir doch in deinem Job keine Mahnbescheide erlauben!"

Empört nahm Dieter das erste Schreiben und das Telefon zur Hand und rief das erste Inkassounternehmen an. Nach kurzem Klingeln meldete sich eine Mitarbeiterin und sagte: „Guten Tag, Inkasso-Meier, Elfriede Franz am Apparat, was kann ich für Sie tun?"

„Hallo, Dieter Hader hier. Ich habe von Ihnen eine Mahnung erhalten. Ich soll 855 Euro für eine Bestellung bei einem Schmuckversandhaus zahlen. Ich habe aber niemals etwas bestellt. Was soll das?"

„Wie war Ihr Name doch gleich? Geben Sie mir bitte das Aktenzeichen, das im Anschreiben steht", forderte die Mitarbeiterin Dieter auf.

„Dieter Hader ist mein Name. Wenn Sie die neunstellige Nummer auf der Mahnung meinen, die lautet 2012/43932."

„Danke, einen kleinen Augenblick, ich rufe mir Ihren Datensatz kurz auf. Also, Sie haben am 24. Januar 2012 einen Diamantring im Wert von 855 Euro bei unserem Kunden bestellt. Der Ring wurde Ihnen am 27. Januar 2012 geliefert, aber bisher von Ihnen noch nicht bezahlt."

„Wie bitte? Ich soll einen Diamantring bestellt haben, das ist doch Blödsinn. Sie müssen mich mit jemandem verwechseln, Frau Franz", fuhr Dieter sie gereizt an.

„Bleiben Sie bitte ruhig, Herr Hader. Das können wir gleich klären. Sie sind Dieter Hader, geboren am 18. März 1970 in Grevenbroich?"

„Ja, aber woher wissen Sie das?", fragte Dieter unruhig.

„Sie sind verheiratet mit Frau Natalie Hader-Krüger, ist das auch richtig?"

„Ja. Aber was hat das mit der Bestellung zu tun und woher haben Sie diese Daten?"

„Herr Hader, ich wollte nur sicherstellen, dass uns kein Fehler unterlaufen ist. Die Daten haben wir von unserem Kunden, dem Versandhaus, bei welchem ein Dieter Hader, geboren am 18. März 1970 in Grevenbroich, den Ring bestellt hat."

„Das war ich aber nicht, da liegt doch ein Irrtum vor."

„Sicher, Herr Hader. Bestimmt sind am 18. März 1970 in Grevenbroich gleich mehrere Dieter Hader geboren worden. Wir hören das jeden Tag von den Schuldnern. Also, wann dürfen wir den Geldeingang erwarten, oder wäre Ihnen eine Ratenzahlung lieber?"

„Haben Sie mir nicht zugehört? Ich habe nichts bestellt und ich habe nichts geliefert bekommen, also werde ich sicherlich auch nichts zahlen, Frau Franz."

„Gut, dann werden wir umgehend einen Mahnbescheid gegen Sie beantragen. Das wird mindestens nochmals 100 Euro mehr kosten, Herr Hader. Seien Sie doch vernünftig und zahlen Sie die Rechnung! Wir werden uns das Geld so oder so holen. Aber für Sie wird es ab heute unangenehm und teuer."

„Sie ticken doch nicht richtig, nichts werde ich bezahlen, Sie hören von meinem Anwalt!", brüllte Dieter ins Telefon und beendete das Gespräch.

„Das würde ich nicht eine einvernehmliche und friedfertige Lösung nennen", seufzte Natalie. „Dann ruf mal bei Creditreform an, die haben heute auch geschrieben. Eventuell wirst du mehr erreichen, wenn du freundlicher bleibst", ermahnte sie ihren Mann.

Dieter wählte die Telefonnummer und wurde, nachdem er sein Anliegen erklärt hatte, direkt zur Inkassoabteilung durchgestellt. „Inkassoabteilung, mein Name ist Lisa Becker, was kann ich für Sie tun?"

„Dieter Hader, guten Abend. Ich habe heute ein Schreiben von Ihnen erhalten, in dem Sie mich auffordern, für eine Bestellung zu bezahlen, die ich aber nicht getätigt habe. Und ich habe auch keine Ware erhalten."

„Herr Hader, laut unseren Unterlagen haben Sie am 30. Januar 2012 bei dem Online-Versandhaus Müller einen Panasonic VIERA TX-P65VT50E Fernseher zum Preis von 2.699 Euro bestellt. Der Fernseher wurde am 2. Februar an Ihre Adresse in Mannheim geliefert und bis heute nicht bezahlt."

„Münster, ich wohne in Münster", wandte Dieter ein.

„Ich habe hier eine Bestell- und Lieferadresse in der Neckarpromenade 25, 68167 Mannheim. Da wir Sie dort aber nicht erreichen konnten, haben wir eine Wohnortsermittlung beauftragt und am Mittwoch Ihre Adresse in Münster bekommen. Sie sind doch Dieter Hader, geboren am 18. März 1970 in Grevenbroich, verheiratet mit Natalie Hader-Krüger?"

„Ja, das stimmt schon, aber ich wohne in Münster, nicht in Mannheim und habe weder Bekannte noch Verwandte in Mannheim. Das Seltsame ist, dass ich gestern und heute insgesamt vier Mahnungen und Zahlungsaufforderungen von Inkassounternehmen erhalten habe. Allesamt für Onlinebestellungen, die ich niemals getätigt habe."

„Vorher haben Sie keine Mahnungen oder Ähnliches erhalten? Und Sie haben auch definitiv nichts bestellt?"

„Nein, Frau Becker, ich habe wirklich nichts online bestellt", versicherte Dieter.

„Sofern Sie wirklich nicht derjenige sind, der die Bestellungen aufgegeben hat, könnte es sein, dass Sie Opfer eines Identitätsbetruges geworden sind."

„Eines Identitätsbetruges? Was ist das?"

„Bei einem Identitätsbetrug suchen Kriminelle nach Identitäten von Menschen im Internet, beispielsweise nach den Vornamen, Nachnamen, Adresse, Geburtsdatum, Geburtsort und so weiter. Besonders beliebt sind dabei soziale Netzwerke wie zum Beispiel Facebook. Dann legen Kriminelle E-Mail-Adressen für die gestohlene Identität an und registrieren sich bei Onlineshops allerdings mit einer anderen Postadresse. Nun fangen die Betrüger an, Waren zu bestellen und wählen als Zahlungsmodus „Zahlung nach Erhalt der Lieferung auf Rechnung" aus. Das Hauptproblem ist bei solchen Identitätsdiebstählen, dass die Kriminellen bis zu einigen hundert solcher betrügerischer Bestellungen aufgeben."

Dieter war schockiert. „Einige hundert Bestellungen? O Gott, was soll ich jetzt machen?"

„Herr Hader, das tut mir leid. Ich kann Ihnen nicht sagen, was wirklich passiert ist. Was wir von Ihnen benötigen, um von unserer Seite aus weitere Schritte vorerst zu unterlassen, ist zum einem eine schriftliche Glaubhaftmachung, dass Sie diese Bestellung nicht getätigt und nicht erhalten haben. Dazu ist es zwingend notwendig, dass Sie bei der Polizei Strafanzeige erstatten und uns eine Kopie dieser Strafanzeige zukommen lassen. Können Sie mir die Versicherung und eine Kopie der Strafanzeige bis Montag durchfaxen?"

„Das ging mir jetzt zu schnell, könnten Sie das bitte wiederholen?"

Während Frau Becker alles langsam wiederholte, schrieb Dieter die Informationen mit.

„Herr Hader, ich darf Sie ja nicht beraten, aber an Ihrer Stelle würde ich schleunigst einen Fachanwalt zu Rate ziehen."

„Wird das nicht sehr teuer?", fragte Dieter.

„Sie wissen sicherlich, dass wir ja auch eine Wirtschaftsauskunftei sind. Laut meinen Unterlagen haben einige Gläubiger, nachdem die Vollstreckungen nicht erfolgreich waren und da man Sie nicht finden konnte, zivilrechtliche Haftbefehle zur Erzwingung der Abgabe einer Eidesstattlichen Versicherung beim Amtsgericht Mannheim gegen Sie erwirkt."

„Haftbefehle? Aber ich bin doch kein Verbrecher!"

„Es handelt sich nicht um strafrechtliche, sondern um zivilrechtliche Haftbefehle. Diese werden beantragt, wenn der Schuldner, gegen den ein Vollstreckungsbescheid ausgestellt wurde und dieser die Forderungen nicht zahlen kann, will oder einfach nicht greifbar ist, sich weigert, eine Eidesstattliche Versicherung über seine Vermögensverhältnisse abzugeben. In Ihrem Fall wurden die zivilrechtlichen Haftbefehle ausgestellt, da Sie zur Abgabe der Vermögensoffenbarung nicht erreichbar waren. An Ihrer Stelle würde ich schnellstmöglich einen Rechtsanwalt einschalten. Bitte vergessen Sie nicht, mir die genannten Unterlagen zukommen zu lassen."

Dieter erklärte seiner Frau in wenigen Sätzen, was die Mitarbeiterin der Creditreform ihm erzählt hatte.

„Haftbefehl?", frage Natalie. „Gegen dich wurde ein Haftbefehl erlassen? Dieter, wir werden jetzt sofort einen Rechtsanwalt beauftragen. Am besten nehmen wir Peter Beyer vom Tennisclub", sagte Natalie und suchte die Mitgliederliste des Clubs. Wenige Augenblicke später wählte sie die Handynummer von Rechtsanwalt Peter Beyer und übergab das Telefon an Dieter.

„Ja, Beyer", meldete sich der Anwalt. „Hallo Peter, hier ist Dieter Hader."

„Hallo Dieter, alles in Ordnung?"

„Nein, leider nicht. Ich brauche dringend deine Hilfe", sagte Dieter und erzählte dem Anwalt, was ihm in den letzten 48 Stunden widerfahren war.

„In diesem Fall müssen wir sofort reagieren. Wäre es für euch möglich, sofort in meine Kanzlei zu kommen? Bitte bringt alle Schreiben mit. Übrigens, ich will dir keine Angst machen, aber am besten wäre es, wenn Natalie fährt und nicht du. Nur sicherheitshalber wegen des Haftbefehls. Nicht, dass du noch in eine Verkehrskontrolle gerätst, und ich dich dann noch im Gefängnis besuchen darf", versuchte Peter zu scherzen.

20 Minuten später kamen Dieter und Natalie in Peters Kanzlei an und wurden sofort in sein Büro geführt. Peter Beyer stand auf und begrüßte beide. „Macht euch nicht zu viel Sorgen, wir kriegen das alles in den Griff. Wir müssen zuerst das Problem mit den zivilrechtlichen Haftbefehlen lösen und den vorausgegangenen Mahnbescheiden."

Erleichtert nahmen das Ehepaar Hader Platz und der Anwalt begann die Schreiben zu lesen. „Und gestern kam das erste Schreiben, vorher nichts?", fragte Peter.

„Nein, vorher nichts. Die Frau von der Creditreform sagte aber, dass gegen mich anscheinend eine Art Anschriftenermittlung lief und die Creditreform selbst erst am Mittwoch meine Adresse in Münster erfahren hat. Vorher hatte die Creditreform eine Adresse in Mannheim."

„Hast du dort eine Zweitwohnung oder Freunde?"

„Nein, ich kenne nicht einmal jemanden aus Mannheim und eine Wohnung würde ich mir eher in Frankreich mieten, aber sicherlich nicht in Mannheim."

Peter nickte und erklärte, dass die Münsteraner Adresse jetzt wohl an alle Gläubiger gegeben werden würde. Dann gab er die Mannheimer Adresse in Google Maps ein. Als er die Ansicht vergrößerte, erschien ein 30-stöckiges Wohnhaus auf dem Bildschirm. „Das dachte ich mir", meinte er und sah das Ehepaar an. „Du bist anscheinend wirklich Opfer eines Identitätsmissbrauchs geworden. Typisch dafür sind nämlich fingierte Adressen in solchen Wohnblocks. Das Problem ist nur, bei wie vielen Onlineshops und Versandhäusern die Kriminellen in deinem Namen bestellt haben, und ob die Adresse in Mannheim die einzige ist, oder ob es noch andere gibt. Dann wird es kompliziert."

Fragend sahen Natalie und Dieter ihren Anwalt an.

„Ich glaube, ich muss euch wohl erklären, was jetzt auf uns zukommt: Die Kriminellen haben irgendwie deinen Namen, Geburtsdatum, gegebenenfalls auch Geburtsort und deine aktuelle Adresse ausfindig gemacht. Mit diesen Daten haben sie sich dann bei verschiedenen Internetshops und Versandhandelshäusern angemeldet und Waren bestellt. Die Waren wurden an deine vermeintliche Adresse in Mannheim geliefert. Dort passten die Kriminellen vermutlich den Paketservice ab oder haben die Pakete bei Nachbarn abgeben lassen und sich dann später abgeholt. Die Rechnungen wurden von den Kriminellen natürlich nicht bezahlt. Also haben die Webshops und die Versandhandelshäuser ihre Forderungen an Inkassounternehmen abgetreten. Diese haben nach mehreren erfolglosen Mahnversuchen zum Teil dann Mahn- und Vollstreckungsbescheide gegen dich ausstellen lassen. Anscheinend haben einige sogar einen zivilrechtlichen Haftbefehl gegen dich erwirkt, der dich zwingen soll, eine Eidesstattliche Versicherung über deine Vermögensverhältnisse abzugeben."

Peter hielt kurz inne und fuhr dann fort: „Als Erstes brauche ich eine Vollmacht von dir. Dann fahren wir zur Polizei und erstatten Strafanzeige gegen Unbekannt. Die Kommunikation mit den Inkassobüros übernehme ich vorerst. Wir werden die Inkassobüros, Wirtschaftsauskunfteien und die betroffenen Onlineshops und Versandhandelshäuser auffordern, uns mitzuteilen, welche Daten sie über dich gespeichert haben. Danach können wir alle auffordern und sogar zwingen, alle Daten über dich zu löschen. Gemäß Bundesdatenschutzgesetz, Paragraf 35, sind sie dazu verpflichtet. Die Forderungen im Einzelnen stellen überhaupt kein Problem dar, auch nicht die Mahnbescheide. Dagegen muss man nur Widerspruch einlegen; einer Begründung bedarf es nicht. Kurzfristig unangenehm können nur die Haftbefehle sein. Ich werde leider erst am Montag die Chance haben, mit dem Amtsgericht Mannheim zu sprechen. Ab Montag werden diese außer Kraft gesetzt werden. Wichtig ist jetzt nur, dass ihr beide die Ruhe bewahrt. In zwei bis drei Wochen haben wir diese vier Fälle vollständig vom Tisch. Teilt mir aber sofort mit, wenn noch weitere Mahnungen kommen."

„Was wird uns das Ganze kosten?", fragte Natalie besorgt.

„Das kann ich leider noch nicht sagen, abhängig davon, was noch auf euch zukommt", meinte der Anwalt. „Lasst uns jetzt zur Polizei fahren und die Strafanzeigen erstatten. Danach gehen wir ein Glas Wein trinken und besprechen den Rest."

Am nächsten Tag klingelte es um kurz vor neun Uhr morgens an der Haustür der Familie Hader. Noch verschlafen öffnete Dieter die Tür und sah sich dem grinsenden Postboten Klaus Jung gegenüber, einem Sportkameraden aus dem Tennisclub. „Na, Dieter, gestern ist es wohl spät geworden?"

„Ja, wir sind mit Peter einen Wein trinken gegangen. Irgendwie ist es mal wieder nicht bei einem geblieben. Aber was gibt es, dass du mich so früh am Samstag aus dem Bett wirfst?"

„Zwei Schreiben vom Amtsgericht", antwortete Klaus und übergab ihm zwei gelbe Umschläge. Gleich darauf blickte er verwundert auf die Haustür, die Dieter nach Entgegennahme der beiden Schreiben wortlos geschlossen hatte. Die Schreiben vom Amtsgericht enthielten zwei Mahnbescheide.

Insgesamt neun weitere Mahnungen und vier Mahnbescheide wurden Dieter in den folgenden zwei Wochen zugestellt. Am Mittwoch klingelte es gegen 14 Uhr an der Haustür und als Natalie öffnete, stand ein grobschlächtiger und finster dreinblickender Mann vor der Tür. In gebrochenem Deutsch fragte er: „Hier wohnen Dieter Hader?"

„Nein, der ist nicht zu Hause, was wollen Sie von uns?", fragte Natalie verängstigt.

„Dieter dein Mann?", fragte der Mann. Natalie nickte.

„Dein Mann schuldet Geld, das ist nicht gut. Nicht gut für uns, nicht gut für ihn und auch nicht gut für dich."

„Mein Mann hat keine Schulden, er ist Opfer eines Betrügers, der in seinem Namen die Schulden gemacht hat", stotterte Natalie nervös.

„Dumme Frau, du nicht lügen, machen alles schlimmer und mich sehr, sehr böse. Sagen Dieter er soll zahlen Rechnung für Computer oder ich kommen wieder."

In Panik schloss Natalie die Haustür, rief ihren Anwalt an und erzählte ihm von dem Besuch. Peter Beyer fragte: „Hat er dir gedroht?"

„Na ja, er sagte nur, dass Schulden nicht gut wären und ihn Lügen sehr böse machen würden."

„Mach dir keine Sorgen. Diese Typen sind zwar unangenehm und jagen dir sicherlich Angst ein, aber die machen nichts. Ich kümmere mich um den Fall. Bisher hat ja nur ein Inkassobüro wegen eines Computers gemahnt."

Trotz der Versicherung des Anwaltes zuckte Natalie in den nächsten Wochen zusammen, wenn es an der Tür klingelte. Sie sah aus Angst vor weiteren Besuchen immer durch den Türspion, bevor sie sich traute, die Haustür zu öffnen. Auch der Gang zum Briefkasten bereitete ihr inzwischen Bauchschmerzen.

Am Dienstag der darauf folgenden Woche wurde Dieter in der Münsteraner Vermögensverwaltung, in der er als Anlageberater arbeitete, zu seinem Geschäftsführer Mario Voigt gerufen.

Nachdem Dieter im Besprechungsraum Platz genommen hatte, erschien Mario Voigt gemeinsam mit Martin Rand, dem Betriebsratsvorsitzenden und dem Abteilungsleiter der Personalabteilung. „Dieter, wir haben ein Problem", teilte Mario Voigt seinem Angestellten mit. „Heute hatten wir Besuch von einem Gerichtsvollzieher, der uns eine Gehaltspfändung von rund siebentausend Euro für dein Gehalt überreichte.

Daraufhin habe ich nach Rücksprache mit dem Gesamtbetriebsrat und gemäß unserer Betriebsvereinbarung eine Wirtschaftsauskunft über dich eingeholt. Du bist völlig überschuldet! Gegen dich laufen diverse Mahnverfahren, Vollstreckungsverfahren. Wir haben von drei Haftbefehlen erfahren."

Kopfschüttelnd sah er Dieter Hader an. Als dieser Luft holte, um auf die Vorwürfe zu antworten, machte Voigt eine abwehrende Geste und fuhr fort: „Dieter, lass mich aussprechen. Es fällt mir nicht leicht, was jetzt kommt. Auch wenn du immer ein guter, erfolgreicher und loyaler Mitarbeiter warst, müssen wir dir mit sofortiger Wirkung fristlos kündigen. Wir können und dürfen keine Mitarbeiter in der Beratung beschäftigen, die überschuldet sind. Bitte räume jetzt sofort deine Sachen aus dem Büro und geh nach Hause. Den Rest wird die Personalabteilung mit dir telefonisch und schriftlich klären." Der Abteilungsleiter der Personalabteilung legte Dieter die fristlose Kündigung vor und forderte ihn auf, den Empfang zu quittieren.

Schockiert und unfähig etwas zu sagen, sah Dieter Hader den Geschäftsführer an, bis sich der Betriebsratsvorsitzende räusperte und sagte: „Mario, so war das nicht abgesprochen. Wir hatten vereinbart, Dieter erst anzuhören." An Dieter gewandt fuhr er fort: „Dieter, was ist passiert? Ich verstehe das nicht. Du fährst kein teures neues Auto, wohnst noch in deiner alten Wohnung, trägst keine teuren Anzüge. Was ist passiert, ist deine Frau krank? Wie bist du in diese Situation geraten?"

Nun erst fiel Dieter ein, dass er vergessen hatte, seinen Arbeitgeber über den Identitätsdiebstahl zu informieren. Aber gleichzeitig regte sich in ihm auch Zorn, dass sein Geschäftsführer ihn nicht einmal gefragt hatte, was passiert ist.

Dieter holte tief Luft und zwang sich, höflich zu bleiben. Er erklärte bestimmt, dass er Opfer eines massiven Identitätsdiebstahls und -missbrauchs geworden war.

Sprachlos sah der Betriebsratsvorsitzende von Dieter zu Mario Voigt, während Dieter die kurze Pause nutzte, um eine SMS an seinen Anwalt zu schicken. Er bat ihn, sofort Kopien der Strafanzeige an die Vermögensberatung zu faxen. Dann sagte er: „Mario, in einigen Minuten bekommst du einige Dokumente von meinem Rechtsanwalt gefaxt, die meine Stellungnahme bestätigen. Um ehrlich zu sein, finde ich, dass die Aktion hier das Letzte ist, was ich von dir erwartet hätte. Männer reden, das ist doch zumindest immer deine Ansage gewesen. Du solltest dich mal daran halten, das hätte dir heute einen peinlichen Auftritt erspart. Der fristlosen Kündigung widerspreche ich hiermit." Er sah seinem Geschäftsführer in die Augen. „Bestehst du weiterhin darauf, dass ich mein Büro umgehend räume?"

Bevor der Geschäftsführer antworten konnte, ergriff Martin Rand das Wort: „Jetzt mal langsam und zwar alle beide. Martin, ich würde vorschlagen, dass wir uns gemeinsam die Dokumente ansehen. Danach reden wir weiter." An Dieter gewandt fuhr er fort: „Dieter, glaubst du, dass dein Anwalt Zeit hätte, jetzt oder gerne auch später zu uns zu kommen? Wir müssen das Problem klären. Du weißt, dass wir als Vermögensberatung gewissen Auflagen unterliegen und jetzt einen Modus Operandi finden müssen, wie wir weiterverfahren. Die Kosten des Gesprächs mit deinem Anwalt übernimmt die Firma, stimmt das Mario?"

Der Geschäftsführer nickte und sagte: „Dieter, du weißt, dass wir Ärger mit der Bundesanstalt für Finanzdienstleistungsaufsicht bekommen, wenn die erfahren, dass einer unser Anlageberater überschuldet ist. Könntest du bitte deinen Rechtsanwalt anrufen und ihn bitten, herzukommen?"

Nach einem kurzen Telefonat mit seinem Anwalt teilte Dieter mit, dass dieser am Nachmittag in die Firma kommen würde.

Das Gespräch am Nachmittag verlief anfangs für beide Seiten unangenehm. Zum Entsetzen von Dieters Anwalt Peter Beyer und des Betriebsratsvorsitzenden hatte der Geschäftsführer Mario Voigt die fristlose Kündigung schon im Vorfeld der Personalabteilung, der EDV und der kompletten Geschäftsleitung mitgeteilt. Dieters Benutzerkonto in der Firma war schon gesperrt und erste Anfragen seiner Kunden wurden automatisch an Kollegen weitergeleitet und von diesen bearbeitet. Den Kollegen wurde mitgeteilt, dass Dieter mit sofortiger Wirkung aus der Firma ausgeschieden sei, was so auch an Kunden von Dieter weitergegeben worden war.

Gemeinsam mit dem Betriebsratsvorsitzenden erzwang Dieters Anwalt eine Einigung mit der Geschäftsleitung. Dieter bekam 14

Tage bezahlten Sonderurlaub und die Firma übernahm alle Rechtsanwaltskosten für Dieter, die im Zusammenhang mit dem Identitätsdiebstahl bisher entstanden waren und noch entstehen würden.

Anfangs waren der Betriebsratsvorsitzende Martin Rand und Dieter Hader mit dem vorgeschlagenen Kompromiss nicht einverstanden, da die Rechtsanwaltskosten in einem ersten Gespräch nur auf einige hundert Euro beziffert worden waren. In einem Sechsaugengespräch erklärte der Anwalt Dieter und dem Betriebsratsvorsitzenden, dass er aufgrund seiner Recherche bei verschiedenen Wirtschaftsauskunfteien davon ausgehe, dass die bisherigen knapp 20 Fälle wohl nur die Spitze des Eisberges seien. Etwas über 120 Anfragen unterschiedlicher Webshops und Versandhandelshäuser seien in den letzten Monaten registriert worden. Da Dieters Kreditwürdigkeit zu diesem Zeitpunkt noch hervorragend war, müsse davon ausgegangen werden, dass noch über 100 weitere Mahnverfahren zu bearbeiten seien. Die Kosten dafür würden sich mindestens auf einen fünfstelligen Betrag belaufen.

Bis April 2013 konnten alle Forderungen erfolgreich abgewehrt werden, auch tauchten keine Mitarbeiter von unseriösen Inkassounternehmen mehr bei Familie Hader auf. Aber selbst nach einem Jahr erreichen immer wieder einzelne Forderungen Dieter Hader. Eine unendliche Geschichte …

## Kommentar

*Diese Geschichte habe ich im April 2013 geschrieben. Vor fast genau einem Jahr hatte Dieter Hader (Name, Ort und Arbeitgeber geändert) das erste Schreiben bekommen. Anlässlich einer meiner Vorträge hatte er mir im Juni 2012 von diesem Fall erzählt.*

*In den Folgemonaten hatte ich immer wieder kurz Kontakt mit Dieter Hader und seinem Rechtsanwalt. Beide haben zugestimmt, dass ich über diese Story schreibe, sofern alle Parteien anonym bleiben. Inzwischen hat sein Rechtsanwalt über 140 Forderungen von Inkassobüros und Versandhäusern abwehren müssen. Jeder Einzelfall hätte für sich genommen kein Problem dargestellt. Nur die Masse von Forderungen macht diesen Fall so kompliziert. Dieter und seine Frau Natalie hatten das Glück, dass ein Rechtsanwalt sich um diese Forderungen kümmern konnte. Die Kosten dafür belaufen sich inzwischen auf einige zehntausend Euro. Wer sich das nicht leisten kann, muss den Kampf gegen die unrechtmäßigen Forderungen täglich selbst ausfechten. Ich habe andere Fälle von Identitätsdiebstahl kennengelernt, in denen die Opfer monatelang kämpfen mussten, um sich gegen die ungerechtfertigten Forderungen der Gläubiger zu wehren. Daran sind leider auch Familien und Menschen zerbrochen. Der Gerechtigkeit halber muss außerdem noch klar gesagt werden, dass auch die Gläubiger Opfer der Identitätsbetrüger sind. In anderen Fällen von Identitätsdiebstahl waren die Konsequenzen für die Opfer teils noch dramatischer und es wurden Ermittlungsverfahren gegen die Opfer wegen des Verdachtes auf Betrug und Geldwäsche eingeleitet.*

*Der oder die Täter wurde/n bis heute nicht gefasst.*

# SCHUTZMASSNAHMEN GEGEN IDENTITÄTSDIEBSTAHL

## 1. Datensparsamkeit

Gehen Sie sparsam mit persönlichen Informationen im Internet um. Sofern Sie keine bindenden Rechtsgeschäfte durchführen möchten, sollten Sie niemals personenbezogene Daten angeben. Die Identitätsbetrüger hatten Dieters Daten (Name, Wohnort, Geburtsdatum, Geburtsort, Familienstand, Beruf usw.) anscheinend von Dieters Facebook-Konto.

Speziell folgende Daten gehören nicht ins Netz oder in Registrierungsformulare:

- Geburtsdatum
- Geburtsort
- Personalausweisnummer
- Reisepassnummer
- Wohnort
- Arbeitgeberangaben
- Familienstatus
- Beruf

Achten Sie beim Ausfüllen von **Formularen**, bei denen Sie personenbezogene Daten angeben müssen, darauf, dass Sie der **Weitergabe** Ihrer Daten oder der Verwendung zu Werbezwecken **widersprechen**!
Eine weitere Datenkrake stellen sogenannte **Produktregistrierungen** dar. Meiden Sie solche Registrierungen unbedingt. Als Beispiel habe ich Ihnen eine Produkt-

registrierung abgebildet, die ich beim Kauf einer neuen Digitalkamera bekommen habe.

## Angaben zum Kunden

| Vorname | | Nachname | |
|---|---|---|---|
| E-Mail | | Telefon | |
| Adresse | | | |
| PLZ | | Ort | |
| Geburtsdatum | | Geburtsort | |

## Zusatzangebote

**Zusatzangebote** ☐ Möchten Sie per E-Mail Informationen zu Zusatzangeboten und Produktneuerungen erhalten?

**Angebote anderer Unternehmen** ☐ Möchten Sie per E-Mail Informationen oder Angebote von anderen Unternehmen erhalten?

## Persönliche Angaben

**Geschlecht** ○ Männlich ○ Weiblich

**Familienstand** ○ Verheiratet ○ Ledig

**Kinder** ○ Nein ○ Ja

**Erstwohnsitz** ○ Eigentum ○ Miete

**Familieneinkommen** ○ Unter 50.000 €    ○ 50.000 € - 99.999 €
○ 100.000 € - 149.999 €    ○ Über 150.000 €

**Bildung** ○ Hauptschule    ○ Realschule
○ Abitur    ○ Bachelor
○ Master/M.A./Diplom    ○ Doktor

Smartphone-Benutzer sollten beim Einrichten neuer Apps genau darauf achten, auf welche Daten und Dienste eine App zugreifen darf. Dies wird meistens bei der Einrichtung abgefragt.
Tragen Sie sich in die Robinsonliste (www.robinsonliste.de) ein. Der derzeit für Verbraucher kostenfreie Eintrag in die

Robinsonliste schützt Sie teilweise vor nicht angeforderten postalischen und E-Mail-Werbesendungen und Telefonanrufen.

## 2. Entsorgen von Datenträgern

Papier ist auch ein Datenträger. Werfen Sie **Kontoauszüge**, **Rechnungen**, **Kreditkartenbelege** und andere Papiere mit sensiblen oder personenbezogenen Informationen nicht einfach weg (besonders nicht den Kreditkartenbeleg nach dem Tanken). Nutzen Sie immer einen Aktenvernichter zum Schreddern solcher Dokumente. Übrigens gibt es solche „Schredder" heute schon ab 20 Euro. Das Gleiche gilt für die Entsorgung oder den Verkauf von Computern. Diese sollten Sie unbedingt fachgerecht, beispielsweise mit der Datenlöschungs-CD, säubern. Einfach gelöschte Daten können sehr einfach wiederhergestellt werden, auch wenn Sie die Festplatten vollständig formatiert haben.

## 3. Überwachen von Identitätsänderungen und Kreditanfragen

Bei einem Identitätsdiebstahl werden Wirtschaftsauskunfteien nach Ihrer Kreditwürdigkeit gefragt und häufig wird ein Umzug an einen anderen Wohnort gemeldet. Damit Sie diese möglichst frühzeitig mitbekommen, können Sie sich bei sogenannten Frühwarnsystemen für Identitätsmissbrauch anmelden.

Ein bekannter Anbieter dafür ist die Schufa. Sie finden zwei unterschiedliche Angebote der Schufa auf der Website der Schufa www.meineschufa.de.

Variante 1: SCHUFA-UpdateService (ca. 10.- Euro p.a.)
Variante 2: SCHUFA-IdentSafe (ca. 40.- Euro p.a.)

Mein persönlicher Favorit ist trotz der höheren Kosten der Schufa-IdentSafe. Leider sind mir derzeit keine weiteren Anbieter bekannt. Sobald ich von weiteren seriösen Angeboten erfahre, werden diese auf der Buch-Website www.tatort-www.de veröffentlicht.

# Weitere Tipps

Denken Sie an den Fall von Dieter Hader. Hätte er die Rechts-anwaltskosten selbst bezahlen müssen, wäre er um einen fünfstelligen Eurobetrag ärmer geworden oder er hätte ein Jahr lang praktisch täglich selbst gegen die ungerechtfertigten Forderungen vorgehen müssen, was besonders in den Fällen der Haftbefehle und schon erteilten Vollstreckungsanord-nungen für Nicht-Juristen sehr schwierig werden kann.

Prüfen Sie mit Ihrem Versicherungsberater, ob Sie bei ihm eine Strafrechtsschutzversicherung gegen Identitätsmissbrauch abschließen können.

*Weitere Themen und Ergänzungen finden Sie immer aktuell auf der Buch-Website www.tatort-www.de*

# Reaktion auf erfolgten Identitätsdiebstahl

## Regel 1: Reagieren Sie sofort!

Reagieren Sie sofort. **Widersprechen** Sie jeder Zahlungsaufforderung, Mahnbescheiden und so weiter. Der Widerspruch sollte immer vorab per Telefax erfolgen. Bewahren Sie die Telefaxkopie mit dem Faxbericht unbedingt auf. Danach senden Sie den Widerspruch per Einschreiben mit Rückschein an den vermeintlichen Gläubiger. **Dokumentieren** Sie akribisch jeden Schritt, jeden Schriftverkehr und jedes Telefonat. Sofern möglich, lassen Sie beispielsweise das Versenden und den Inhalt des Widerspruchs per Einschreiben von einem Familienmitglied schriftlich bezeugen.

## Regel 2: Rechtsbeistand

Speziell wenn Mahnbescheide, Vollstreckungsbescheide oder Haftbefehle gegen Sie ausgestellt worden sind, sollten Sie sich professionellen Rechtsbeistand sichern. Über meine Erfahrungen mit Rechtsanwaltskanzleien werde ich auf der Buch-Website unter www.tatort-www.de berichten.

Sollten Sie nicht über eine Rechtschutzversicherung verfügen, welche die **Anwaltskosten** übernimmt, müssen Sie unbedingt im Vorfeld mit Ihrem Rechtsanwalt über anfallende Kosten sprechen. Sollten Dutzende oder sogar Hunderte Forderungen gegen Sie gestellt werden, kann es Sinn machen, wenn Sie versuchen, sich mit Ihrem Rechtsanwalt darauf zu einigen, sich die Arbeit aufzuteilen. Sie könnten beispielsweise folgende Arbeit mit vorgefertigten Schreiben Ihres Rechtsanwaltes übernehmen:

- Widerspruch gegen gestellte Forderungen
- Auskunft über gespeicherte Daten über Ihre Person gemäß § 34 Bundesdatenschutzgesetz verlangen
- Aufforderung zur Löschung gespeicherter Daten gemäß § 34 Bundesdatenschutzgesetz
- Aufforderung zur Bestätigung der gelöschten Daten

## Regel 3: Kommunikation

1. Erstatten Sie wegen jeder einzelnen unberechtigten Forderung **Strafanzeige** bei der Polizei. Kopieren Sie jede Anzeige mindestens dreimal (eine für Ihre Unterlagen, eine gegebenenfalls für das zuständige Inkassobüro oder den Gläubiger, eine für Ihren Rechtsanwalt). Zusätzlich sollten Sie zumindest von den ersten Strafanzeigen Kopien für Ihre Hausbank anfertigen.

2. **Informieren** Sie die folgenden vier **Kreditauskunfteien**, dass Sie Opfer eines Identitätsbetruges geworden sind und fordern Sie diese auf, für Ihren Datensatz eine Betrugswarnung einzustellen. Faxen Sie nach Ihrem Gespräch die Strafanzeigen und eine Erklärung, dass Sie Opfer eines Identitätsbetruges geworden sind, an die Auskunfteien. Damit werden die Betrüger in den meisten Fällen keine positive Kreditauskunft für betrügerische Bestellungen mehr erhalten können.

SCHUFA, www.meineschufa.de
Creditreform, www.creditreform.de
Bürgel, www.buergel.de
Arvato Infoscore, www.arvato-infoscore.de

3. **Ändern** Sie alle **Kennwörter** und **Zugangsdaten** bei Internetanbietern und Webshops, für Bankkonten und Kreditkarten und so weiter. Diese Änderungen sollten Sie niemals von Ihrem Computer aus durchführen, da prinzipiell die Gefahr besteht, dass dieser mit einem Trojaner verwanzt wurde. Lassen Sie Ihren Computer von einem Spezialisten untersuchen und dann gegebenenfalls neu installieren.

4. In einigen Fällen kommt es vor, dass Kriminelle nicht nur Waren auf Ihren Namen bestellen, sondern auch versuchen, Geld von Ihren Kreditkarten, Bankkonten und weiteren Zahlungsverkehrskonten (beispielsweise PayPal) **abbuchen** zu lassen. Informieren Sie Ihre Banken. Diese Information ist auch wichtig, damit Ihre Bank versteht, warum Ihre Kreditauskunft plötzlich negativ geworden ist. Ansonsten droht Ihnen gegebenenfalls die Kündigung bestehender Kredite. Nehmen Sie sich für die Gespräche mit Ihrer Bank Zeit.

Sollten betrügerische Abbuchungen von Bankkonten oder Kreditkarten vorgenommen worden sein, fordern Sie umgehend die **Rückholung** der Gelder. Im zweiten Schritt sollten Sie neue Bankkonten und Kreditkarten bei Ihrer Bank beantragen.
Haben Sie ein PayPal Konto? Dann informieren Sie sich auf der PayPal-Seite über notwendige Schritte und informieren Sie unbedingt unverzüglich PayPal von dem Identitätsmissbrauch.

# 5.
# SMART-PHONE UND HANDY

# Ein mobiler Albtraum

Julia winkte ihrer besten Freundin Ulrike zu, als sie diese endlich zwischen den vielen Gästen im Biergarten des „Cafés am neuen See" entdeckte. Ulrike war gerade von einer China-Reise zurückgekommen. Die Freundinnen hatten sich seit zwei Wochen nicht gesehen. Freudig sprang Ulrike auf und umarmte Julia. „Schön, dich endlich wiederzusehen und das sogar ohne deine Klette Klaus", sagte Uli zufrieden zu Julia.

„Das wird auch so bleiben. Ich habe Klaus endgültig den Laufpass gegeben."

„O, das hört sich gut an", erwiderte Ulrike. „Wieso hast du dich von ihm getrennt? Nicht dass ich dir das nicht schon x-mal geraten hätte!"

„Ach, Uli, du hattest ja recht. Am Anfang war Klaus echt süß und hat sich lieb um mich gekümmert. Das hat mir total gefallen und auch gutgetan. Nur dann wurde es bei ihm zu einer richtigen Kontrollsucht. Als freiberuflicher Programmierer kann er seine Zeit so einteilen, wie er es möchte. Deshalb hat er sich zeitlich nur nach mir gerichtet und mich fast immer begleitet. Hatte ich es mal geschafft, ohne ihn wegzugehen, hatte ich das Gefühl, als ob er mich beschatten würde. Immer wieder tauchte er irgendwo auf oder winkte mir im Vorbeifahren aus seinem Auto zu.

In einer kleinen Stadt kann ich solche Zufälle ja verstehen, aber in Berlin ist das doch schon unheimlich. Letzte Woche war ich mal nicht in der Charité-Kantine zum Mittagessen, sondern mit Sonja und Jochen im Porta Nova, dem Italiener am Charité. Ob du es glaubst oder nicht, nach zwanzig Minuten stand Klaus vor unserem Tisch und sah mich bitterböse an. Er hat mir unterstellt, eine Affäre mit Jochen zu haben. Schließlich gäbe es ja sonst keinen Grund, warum ich mich heimlich mit einem Arbeitskollegen treffen würde."

„Na ja, Jochen sieht aber auch zum Anbeißen süß aus. Ein bisschen Eifersucht ist dann schon verständlich."

„Ja, aber Jochen steht nun mal auf Männer und nicht auf Frauen und ich war ja auch nicht mit Jochen da, sondern mit Sonja und Jochen. Klaus hat dann rumgebrüllt und mich beschimpft, bis ihn ein Kellner und Jochen einfach vor die Tür gesetzt haben."

„Was für ein Psycho", rutschte es Uli raus.

„Das kannst du laut sagen. Zumindest ist das Kapitel Klaus Schulte abgeschlossen! Lass uns über etwas Erfreulicheres sprechen."

„Gerne. Wenn Klaus Vergangenheit ist ... hast du dich mal wieder mit Thomas getroffen?"

„Uli, ich bin gerade mal ein paar Tage von Klaus getrennt, wie kann ich mich jetzt schon mit einem anderen treffen?"

„Ach, Julia, du und Thomas wärt doch schon längst zusammen, wenn Klaus nicht dazwischengekommen wäre, das war so offensichtlich. Ihr beiden passt perfekt zusammen, also stell dich nicht so an. Klaus war ein echter Fehltritt, aber das kommt vor."

Verlegen versuchte Julia das Thema zu wechseln. „Wie war deine China-Reise und warum hast du dich nicht gemeldet? Erzähl mir nicht, es würde in China kein Internet geben!"

„Das Land ist unvorstellbar und die Menschen auch. Freundlich und zurückhaltend, mir hat es total gefallen. Und natürlich gibt es dort Internet. Nur mussten wir unsere Handys und regulären Notebooks vor der Abreise abgeben. Unsere Konzernsicherheit meinte, dass die Chinesen gerade bei Geschäftsreisenden versuchen, Daten zu stehlen. Also hat jeder von uns ein spezielles Reisehandy und Notebook bekommen. Leider hatte ich vergessen, mir deine E-Mail-Adresse aufzuschreiben. Ist schon lustig, wie abhängig ich von meinem Handy bin. Ich stand in China und hatte keine Kontaktdaten meiner Freunde dabei, keinen Kontakt über WhatsApp, nichts, wie im 18. Jahrhundert, völlig abgeschnitten von der Welt."

Belustigt sah Julia ihre Freundin an. Das war typisch für Uli, vor lauter Freude auf ihre erste Geschäftsreise nach China hatte sie mal wieder alles andere vergessen.

Julias Gedanken erratend erwiderte Uli: „Na, alles habe ich nicht vergessen. Zum Beispiel deinen Geburtstag. Herzlichen Glückwunsch, meine Liebe, und alles Gute für dein neues Lebensjahr. Ich habe auch ein Geschenk für dich." Uli überreichte Julia einen Umschlag.

Julia öffnete den Umschlag: „Wahnsinn, Uli, das ist doch viel zu teuer!"

„Na ja, deine Eltern haben einen Teil dazugegeben. Freust du dich?"

„Natürlich, das ist fantastisch!" Julia strahlte ihre Freundin an. Uli hatte ihr ein Wochenende für zwei Personen in Hamburg mit Besuch des Musicals „Tarzan" geschenkt. „Du hast hoffentlich Zeit, Uli? Ich bin ja jetzt solo. Bitte, komm mit!" Freudig stimmte Uli zu, die insgeheim gehofft hatte, Julia begleiten zu dürfen.

Zwei Tage später rief Uli ihre Freundin abends auf ihrem Handy an. „Julia, hast du am Samstagabend schon etwas vor?"

„Nein, ich bin frei."

„Uli, bist du noch da?"

„Ja, warum?"

„Da war so ein komischer Ton, wie ein Besetztzeichen, das habe ich jetzt schon öfters beim Telefonieren gehabt, aber egal. Also, was hast du vor?"

„Ich habe einen Tisch in der Villa Rodizio für uns beide, Jochen und Sonja und für einen Überraschungsgast reserviert."

„Hast du etwa Thomas eingeladen?"

„Na, sicher! Er freut sich schon auf dich. Du musst ja nicht gleich eine Beziehung mit ihm anfangen. Aber erinnerst du dich noch, wie gut ihr euch immer verstanden habt?"

„Uli, du bist unmöglich, aber das weißt du ja."

„Das weiß ich, also, freust du dich auf Thomas?"

„Ja, natürlich freue ich mich auf ihn."

Eine Stunde später hörte Julia den Benachrichtigungston für den Nachrichteneingang auf ihrem Handy. Ihr wurde ganz mulmig, als sie die Nachricht las: „Ganz doofe Idee, sich jetzt mit anderen Männern zu treffen, wir lieben uns doch, Klaus!" Verunsichert redete sie sich ein, dass das ein Zufall sein musste und löschte die Nachricht, in der Hoffnung, nicht mehr an Klaus erinnert zu werden. Doch diese Hoffnung sollte nicht in Erfüllung gehen ...

Am Samstagabend holte Uli ihre Freundin Julia um kurz nach sieben ab und die beiden fuhren zum brasilianischen Restaurant Rodizio im Berliner Stadtteil Prenzlauer Berg.

„Hast du was von Klaus gehört?", fragte Uli.

„Leider ja, der Typ ist echt krank. Jeden Tag habe ich mindestens zehn Nachrichten von ihm auf dem Anrufbeantworter. Immer die gleiche Leier. Wir lieben uns doch, und er würde mir das mit dem Mittagessen verzeihen. Ich soll nicht den Fehler machen, mich mit anderen Männern zu treffen."

„Das mit dem Mittagessen? Du meinst die Szene, die er dir im Porta Nova gemacht hat?"

„Ja. Er ist felsenfest davon überzeugt, ich hätte versucht, ihn zu betrügen, und es würde mir jetzt total leid tun."

„Hast du ihn mal aufgeklärt, dass Jochen leider vom anderen Ufer ist?"

„Nein, warum sollte ich? Ich will nichts mehr von Klaus hören oder sehen. Aber der lässt mich einfach nicht in Ruhe. Als ich gestern im Krankenhaus zur meiner Schicht kam, stand er plötzlich im Aufzug neben mir und drückte mir einen Blumenstrauß in die Hand und meinte, er hätte mir jetzt verziehen und dann wollte er mir einen Kuss geben. Ich habe ihn weggeschoben und wohl recht lautstark klargemacht, er soll mich endlich in Ruhe lassen. Zumindest standen auf einmal zwei Pfleger vor uns und fragten, ob ich von ihm belästigt werde. Die haben ihn dann aus dem Krankenhaus geleitet."

„Na, das dürfte ihn doch klargemacht haben, dass du nichts mehr von ihm willst."

„Nein, der kapiert das nicht. Abends hat er mich wieder angerufen und mich für heute eingeladen. Ich habe ihm klar gesagt, dass ich schon verabredet bin und dass er mich nicht mehr belästigen soll und dann aufgelegt." Julia klagte ihrer Freundin ihr Leid, bis sie im Restaurant angekommen waren.

„Guten Abend, die Damen", wurden sie vom Empfangschef begrüßt. „Haben Sie reserviert?"

„Ja, ich habe einen Tisch für fünf Personen auf den Namen Ulrike Busch reserviert." Der Mann prüfte kurz die Reservierungen und nickte freundlich. „Gestern haben Sie noch für eine weitere Person reserviert. Die vier anderen Herrschaften werden dann noch kommen?"

Verdutzt sah Uli den Empfangschef an: „Nein, habe ich nicht. Ich habe nur für fünf Personen reserviert."

„Hier steht, dass ein weiterer Platz für Busch reserviert wurde. Vielleicht haben wir aber auch einen Fehler gemacht. Ich gebe Ihnen vorsichtshalber einen größeren Tisch." Julia und Uli wurden zum Tisch geführt und ein paar Minuten später traf Thomas ein.

Julia und Uli hatten Thomas vor über einem Jahr auf einer von Jochens Partys kennengelernt. Damals hatten sich Julia und Thomas schon nach wenigen Minuten in ein Gespräch vertieft. Sie redeten und lachten stundenlang und vergaßen alles um sich herum. Sie wären sicherlich bald ein Paar geworden, wenn Julia nicht einige Wochen später nach einem Streit mit Thomas etwas angetrunken auf einer anderen Party ein Verhältnis mit Klaus angefangen hätte. Als sich nun Thomas und Julia in die Augen sahen, war es, als hätten die Monate nach ihrem Streit nicht existiert.

Wenige Minuten später trafen Sonja und Jochen ein. Noch bevor die erste Runde Mojitos serviert wurde, hatten Julia und Thomas ihre Umgebung vollständig vergessen, wie Uli vorausgeahnt hatte; unterdessen hatte Uli aber auch ihre Freude daran, Jochen und Sonja unverblümt in die Neuigkeiten über Klaus einzuweihen.

Einige Zeit später wurde die fröhliche Runde in ihren lebhaften Unterhaltungen unterbrochen, als der Empfangschef die sechste Person zum Tisch geleitete. „Hallo, Schatz", begrüßte Klaus Schulte die schockierte Julia und ignorierte die bösen Blicke der anderen. „Schön, dass ich dazukommen darf und das Missverständnis ausräumen kann. Wisst ihr, Julia und ich hatten eine Meinungsverschiedenheit, aber jetzt ist wieder alles in Ordnung."

Julia war zu perplex, um sofort zu reagieren und Klaus setzte sich auf den freien Platz. An Jochen gewandt fuhr er fort: „Sorry für meinen Auftritt beim Italiener. Keine Ahnung, was mich da geritten hat", und hielt Jochen seine Hand als Geste der Entschuldigung hin.

„Klaus, verschwinde, aber sofort!", platzte es aus Julia raus.

„Ich glaube, wir schließen uns hier alle Julias Meinung an", fuhr Uli ihn an. „Dich hat niemand eingeladen."

„Gibt es ein Problem?", fragte der Empfangschef, der die Situation beobachtet hatte.

„Ja", antwortete Uli. „Der Herr gehört nicht zu uns und belästigt meine Freundin. Bitte rufen Sie die Polizei, wenn er nicht sofort geht."

„Das wird nicht nötig sein", meinte der Empfangschef und winkte zwei Kellnern zu, die schon auf Abruf bereitstanden. „Würden Sie bitte das Restaurant verlassen?", forderte er Klaus auf.

„Das wird dir noch leid tun", sagte dieser zu Uli; und an Julia gewandt: „Schatz, wir reden ein anderes Mal, wenn diese Typen uns nicht stören." Er stand auf und verließ das Lokal. Der Abend war danach für Julia gelaufen. Und nicht einmal Thomas konnte sie wieder aufmuntern.

Die folgenden Wochen waren ein Wechselbad der Gefühle für Julia. Sie und Thomas kamen sich immer näher und nach einem Monat waren sie fest zusammen. Die Zeit mit Thomas gab Julia die nötige Kraft, die andere Seite ihres Lebens zu meistern: Klaus ließ ihr keine Ruhe. Täglich hinterließ er Nachrichten auf ihrem Anrufbeantworter, schickte ihr Blumen nach Hause, steckte immer wieder eine weiße Lilie an den Scheibenwischer ihres Autos, wenn sie irgendwo in der Stadt parkte. Woher wusste er, wo sie sich gerade befand? Aus Angst verfolgt zu werden, drehte sie sich ständig nervös um, egal ob in der U-Bahn, beim Autofahren oder einfach beim Bummeln. Telefonate nahm sie nur an, wenn sie den Anrufer kannte, trotzdem hatte sie Klaus mehrfach am Handy, obwohl sie sicher war, dass jeweils ein anderer Anrufer angezeigt worden war. Julia erzählte Thomas nichts von dem Stalking durch Klaus, da sie ihn damit nicht belasten wollte und genoss das unkomplizierte Zusammensein mit ihm.

Endlich kam das Wochenende mit Uli in Hamburg und dem Besuch des Musicals „Tarzan". Julia freute sich auf zwei unbeschwerte Tage mit Uli. Am Freitagabend kamen die beiden Freundinnen in Hamburg im Hotel an. Beim Einchecken in das Hotel erhielten beide kostenfreie Zugangsdaten für das Hotel-WLAN. Julia musste Uli beim Einrichten des WLANs helfen, da sich Uli erst ein paar Tage zuvor das gleiche Samsung-Galaxy-Smartphone gekauft hatte und mit der Menüführung noch nicht so richtig vertraut war. Danach wollte Julia nur kurz ihr Gepäck auf das Zimmer bringen, sich frisch machen und dann mit Uli zum Abendessen gehen. Sie betrat ihr Hotelzimmer und erschrak, als sie eine weiße Lilie auf dem Bett liegen sah.

Nervös geworden sah sie sich um und suchte nach einem Anzeichen von Klaus. Sie beruhigte sich erst wieder, als sie nichts fand und beschloss, auf das Frischmachen zu verzichten.

Nach einem leckeren Essen im thailändischen Hotelrestaurant gingen die beiden Freundinnen in die Hotelbar und genossen es, seit Monaten erstmals einen Abend ganz unter sich zu sein. Kurz nach Mitternacht beschlossen die beiden schlafen zu gehen, um den nächsten Vormittag zum Shoppen in Hamburg zu nutzen.

Am Samstagabend saßen Julia und Uli gespannt in der Neuen Flora und freuten sich auf das Musical. Julia fühlte sich beobachtet und drehte sich immer wieder um, konnte aber bei den Hunderten von Besuchern im Theatersaal niemanden Bestimmtes erkennen.

Als sie nach der Pause wieder Platz genommen hatten, schrak Julia zusammen, als kurz vor Beginn des zweiten Aktes jemand seine Hand auf ihre Schultern legte. Ruckartig drehte sie sich um und sah sich zu ihrer Erleichterung einer freundlichen älteren Dame gegenüber.

„Junge Frau, der Herr hinter mir bat mich, Ihnen diesen Brief zu geben."

Julia schrie erschrocken auf, als hinter der älteren Dame plötzlich Klaus Schulte auftauchte.

„Hallo, Schatz, der erste Akt war klasse. Wir sehen uns ja nachher."

Julia rannte panisch aus dem Zuschauerraum. Im Foyer holte Uli ihre Freundin ein. Schnell verließen sie das Theater und sprachen erst wieder miteinander, als sie im Hotel angekommen waren. Erleichtert, nicht von Klaus verfolgt worden zu sein, ließen sie sich in der Bar nieder und bestellten zwei Cocktails.

„Ich halte das nicht mehr aus, immer diese Anrufe, die Nachrichten auf dem Anrufbeantworter, die weißen Lilien und jetzt das. Ich kann nicht mehr, das muss ein Ende haben. Woher weiß Klaus immer, wo ich bin? Woher weiß er, dass wir in Hamburg im Musical

sind und wie hat er dann einen Platz fast direkt hinter uns bekommen?", schluchzte Julia verzweifelt.

Die für den Sonntagmittag geplante Hafenrundfahrt ließen die
beiden Freundinnen auf Julias Bitten ausfallen und nahmen den
nächsten ICE zurück nach Berlin. Kaum hatten sie einen Sitzplatz im
Zug ergattert, rief Julia bei Thomas an und bat ihn, sie in Berlin am
Bahnhof abzuholen. Sie wollte ihn endlich doch in diese ganze Stal-
king-Geschichte einweihen, vielleicht wusste er einen Rat.

In Berlin angekommen, fiel sie Thomas am Bahnsteig weinend um
den Hals. Er wirkte teils gerührt, teils verdattert. Thomas' Angebot, sie
erst nach Hause zu bringen, lehnte Uli ab unter dem Vorwand, ange-
sichts der vorzeitigen Rückkehr noch bei ihren Eltern vorbeizuschau-
en; das sei mit dem Taxi nicht weit. Von Julia verabschiedete sie sich
mit einer kurzen, festen Umarmung.

„Thomas, ich muss dir etwas erzählen, was ganz furchtbar für
mich ist", fing Julia sofort an, nachdem Uli die Treppe hinunter verschwunden war. „Seit Wochen drangsaliert mich dieser Klaus wie
ein ganz gemeiner Stalker."

„Wir werden das schon aufklären, mein Schatz. Mir ist auch schon seit
einigen Stunden klar, das etwas in dieser Richtung passiert sein muss."

Irritiert sah sie Thomas an: „Woher weißt du schon seit ein paar
Stunden davon? Ich habe dir doch bisher überhaupt nichts von dem
Stalking erzählt?"

„Das schon, aber nachdem ich vor ein paar Stunden diese Nachricht erhalten habe, konnte ich mir denken, dass irgendwas nicht
stimmt, auch wenn ich im ersten Moment über diese kalte Dusche
schockiert war", erwiderte Thomas und zeigte ihr eine Whats-
App-Nachricht: „Thomas, ich habe hier in Hamburg Klaus getroffen
und bin wieder mit ihm zusammen. Es tut mir leid – mit uns ist es
aus. Bitte ruf mich nicht mehr an und lass mich in Ruhe. Julia"

Ungläubig starrte Julia auf die Nachricht und flüsterte: „Das habe ich niemals geschrieben, ich bin doch glücklich mit dir!"

„Das glaube ich dir ja. Und ich war auch sofort sehr erleichtert, als du mich kurz darauf aus dem Zug heraus angerufen hast, damit ich dich abhole."

Als die beiden in Julias Wohnung angekommen waren, erzählte Julia alles von Anfang an, bis sie schließlich sagte: „Ich dachte, ich werde verrückt. In all den Wochen seit der Trennung tauchte immer wieder Klaus auf, obwohl er nicht wissen konnte, wo ich bin. Ich habe mindestens sechzig Lilien an meinem Auto gehabt und mir nie erklären können, woher er wusste, wo das Auto geparkt ist."

Thomas schaute seine Freundin mitleidig an. „Julia, ist dir denn nie der Gedanke gekommen, dass es einen ganz einfachen Grund geben könnte, warum Klaus immer weiß, wo du bist und was du machst? Dein Ex ist Programmierer! Ich vermute, dass er schlicht und einfach dein Handy gehackt hat und dich über dein Handy verfolgt. Gefälschte WhatsApp-Nachrichten und E-Mails zu versenden, ist erschreckend einfach. Das weiß doch mittlerweile jedes Kind. Lass uns mal im Internet recherchieren, was man in so einem Fall tun kann."

Fassungslos sah Julia Thomas an. Hoffnung keimte in ihr auf, dass sie Klaus auf irgendeine Weise jetzt das Handwerk legen und ihn dauerhaft aus ihrem Leben verbannen konnte.

Nach einer Weile sagte Thomas: „Aha, da haben wir ja schon was. Morgen werden wir dein Handy an eine Firma in Neustadt in Rheinland-Pfalz schicken. Die sind auf forensische Analysen von Handys spezialisiert. Die werden dein Smartphone untersuchen und feststellen, ob es von Klaus gehackt und manipuliert worden ist …"

## Kommentar

*Immer mehr Deutsche besitzen ein Smartphone. Diese Geräte können Fluch und Segen zugleich sein. Gerade für Geschäftsreisende bieten Smartphones mit ihren Reiseapps Erleichterungen. Aber der Fluch lässt nicht lange auf sich warten. Beobachten Sie auf Ihren Reisen, wie Menschen reagieren, wenn das Smartphone plötzlich nicht mehr funktioniert. Aus dem souveränen Manager wird innerhalb von wenigen Augenblicken ein von Panik befallenes hilfloses Kind. Kein Flugticket mehr, da dies ja häufig nur noch digital auf dem Smartphone vorliegt, keine Reiseplanung mehr, der Kontakt zur Welt ist weg. Welches Hotel war gebucht, wann war der Termin beim Kunden, wie hieß der überhaupt und welche Adresse hat er?*

*Das sind die Kalamitäten der Geschäftsreisenden, wenn das Smartphone mal nicht funktioniert. Viel gravierender sind jedoch Fälle von Missbrauch, wenn ein Handy oder Smartphone gehackt wird. Im Fall von Julia machte sich ein versierter Programmierer seine Kenntnisse zunutze, um seine Exfreundin zu stalken, was einen tiefen Eingriff in die Privatsphäre darstellt.*

*Die forensische Analyse von Julias Handy bei der Firma in Rheinland-Pfalz hatte ergeben, dass Exfreund Klaus ein Spionageprogramm auf Julias Handy installiert hatte – übrigens schon vor der Trennung. Über dieses Programm konnte er jederzeit feststellen, wo sich Julia aktuell aufhält, sofern sie das Handy bei sich hatte. Aber die Spionage ging noch weiter. Durch das Programm hatte Klaus Schulte Zugriff auf alle Daten, egal ob E-Mails, Kalendereinträge oder WhatsApp-Nachrichten. Auch konnte er über Julias*

*Handy Nachrichten versenden oder unterdrücken. Besonders beängstigend finde ich, dass man mithilfe solcher Spionageprogramme jederzeit das eingeschaltete Handy als Wanze missbrauchen kann; damit kann man mithören, was in der Umgebung des Handys gesprochen wird. Außerdem konnte sich Klaus Schulte über die Spionagesoftware direkt in Telefonate von Julia einklinken. Das war in der Geschichte der kurze Besetztton, den Julia bei einem Telefonat mit Uli gehört hatte.*

*Als Fachmann war Klaus Schulte sogar in der Lage, WhatsApp-Nachrichten zu manipulieren. In gleicher Weise hätte er auch Facebook-Posts in Julias und auch in Ulis Namen senden können. Auf diesem Weg war die vermeintliche Aufkündigung ihrer Beziehung dem Anschein nach von Julias Smartphone an Thomas gesendet worden. Im Hotel in Hamburg hatte Klaus abends Julia und Uli in der Bar beobachtet und dann eine Manipulation im WLAN des Hotels vorgenommen. So war er in der Lage, die Daten der beiden Frauen mitzulesen, darunter waren auch die Zugangsdaten von Facebook und WhatsApp. Allerdings hätte zumindest Uli die Manipulation erkennen können, da mehrfach eine Warnung in ihrem Handy auftauchte, dass das Server-Zertifikat nicht vertrauenswürdig sei. Verständlicherweise hatte Uli die Warnung nicht verstanden und die Verbindung bestätigt. Eine solche Warnmeldung bedeutet in der Regel, dass jemand sich zwischen Ihr Smartphone oder Computer und dem Server geschaltet hat, von dem Sie beispielsweise E-Mails abrufen oder über den Sie Nachrichten austauschen möchten. Mehr dazu aber später in den Empfehlungen im 8. Gebot.*

# DIE 10 GEBOTE DER HANDY- UND SMARTPHONE-SICHERHEIT

*Ähnlich wie bei den Sicherheitsgeboten der anderen Kapitel finden Sie hier die meiner Meinung nach wichtigsten Maßnahmen. Sie entsprechen dem aktuellen Stand zum Zeitpunkt der Erstellung des Manuskripts, werden aber eventuell innerhalb weniger Wochen oder Monate überarbeitet werden müssen. Daher empfehle ich Ihnen, ab und zu auf der Buch-Website unter www.tatort-www.de nachzusehen, ob neue Sicherheitsgebote erschienen sind. Diese werden mindestens bis zum Erscheinen der nächsten Buchversion aktualisiert.*

## 1. Spielen Sie immer alle Updates für Ihr Handy und für Ihr Smartphone ein

Prüfen Sie speziell bei Smartphones, ob Software-Updates zur Verfügung stehen. Installieren Sie diese immer zeitnah. Das Gleiche gilt für installierte Apps. Auch von diesen gehen Gefahren aus, wenn Sie verfügbare Updates nicht zeitnah installieren.

## 2. Umgehen Sie niemals die Sicherheitskonfiguration Ihres Smartphones

Speziell das iPhone und das Windows Phone 8 verfügen über einen hohen Sicherheitsstandard und lassen nur geprüfte Apps (Programme) zur Installation über App-Stores auf den jeweiligen Geräten zu. Dies hat sicherlich auch einen finanziellen Hintergrund, da beide Hersteller über diese App-Stores Geld verdienen.

Der andere Grund sollte aber nicht unterschätzt werden, und der heißt Sicherheit. Diese Restriktion, nur von den Herstellern zugelassene Apps installieren zu können, soll verhindern, dass Schadsoftware, also Viren und Trojaner auf den Geräten installiert werden können. Der Erfolg gibt den Herstellern recht. Auf beiden Systemen kommt es zu sehr wenigen Installationen von Schad-programmen, sofern diese Sicherheitsfunktionen nicht durch Benutzer gewaltsam aufgebrochen werden. Mehr dazu finden Sie im 4. Gebot.

### 3. Entscheiden Sie sich für das richtige Smartphone

Die vier gängigsten Smartphones sind Googles Android, Apples iPhone, RIMs Blackberry und Microsoft Windows Phone 8. Jedes Smartphone hat seine Vor- und Nach-teile. Nur aus Sicht der Angreifbarkeit (ohne Betrachtung des Datenschutzes), würde ich derzeit das iPhone und das Windows Phone 8 als sicherste Systeme bezeichnen, sofern die Schutzvorkehrungen nicht mutwillig umgangen werden. Allerdings bietet beispielsweise das Android mehr Möglichkeiten, vor allem mehr Freiheit, die für viele Jugendliche und experimentierfreudige Profis wichtig ist.

### 4. Installieren Sie Apps nur aus vertrauenswürdigen Quellen

**iPhone**
Installieren Sie Apps für Ihr iPhone nur aus Apples App-Store. Umgehen Sie diese Sicherheit nicht, indem Sie beispielsweise mithilfe eines Jailbreaks Ihre iPhone-

Sicherheit aufbrechen. Apple prüft Apps, bevor diese für den App-Store freigeschaltet werden. Sicherlich haben gewiefte Sicherheitsspezialisten und Hacker vereinzelt immer wieder Wege gefunden, diese Sicherheit zu umgehen, aber Apple hat auf solche Vorfälle sehr schnell reagiert und solche Schadprogramme entfernt.

**Bewertung der Sicherheit:**
Sehr gut im Vergleich zu anderen mobilen und Computerbetriebssystemen.

## Windows Phone 8

Wie beim iPhone können auf dem Windows Phone 8 nur von Microsoft signierte Apps installiert werden. Schadprogramme haben es damit sehr schwer, einen Weg zur Infektion des Systems zu finden. Die Wahrscheinlichkeit, sich mit einer Schadsoftware zu infizieren, ist beim iPhone und beim Windows Phone 8 derzeit äußerst gering.

**Bewertung der Sicherheit:**
Sehr gut im Vergleich zu anderen mobilen und Computerbetriebssystemen.

## Android

Prinzipiell ist Android ein offenes und freies Betriebssystem. Aber gerade diese Offenheit und Freiheit birgt Gefahren. Für das Android können Sie Apps aus verschiedenen Quellen installieren und Google prüft zumindest zum Zeitpunkt des Schreibens dieser Gebote die Apps im eigenen Google Play Store (Android Market) nicht in dem Umfang wie Apple oder Microsoft.

Speziell für das Android existieren diverse Virenscanner. Der Einsatz macht durchaus Sinn, auch wenn nicht alle Viren und Trojaner erkannt werden.

**Bewertung der Sicherheit**

Ausreichend im Vergleich zu anderen mobilen und Computerbetriebssystemen.

**Allgemeines zu Apps:**

Damit eine App auf einem Smartphone funktioniert, bedarf es verschiedener Berichtigungen. Häufig werden Sie bei der Installation gefragt, ob Sie der App spezielle Berechtigungen gewähren wollen, beispielsweise den Zugriff auf Ihre Kontakte oder auf die Telefonfunktion. Gehen Sie sehr sparsam mit der Erteilung solcher Rechte um und verzichten Sie im Zweifelsfall lieber auf die Installation einer App, die sinnlos viele Berechtigungen anfordert.

## 5. Verwenden Sie einen Zugangscode

Um den Zugriff auf Ihr Smartphone zu verhindern, sollten Sie immer einen Zugangscode für Ihr Smartphone und eine PIN für Ihre SIM-Karte verwenden. Ändern Sie gegebenenfalls voreingestellte PINs und Zugangscodes ab.

## 6. Deaktivieren Sie alle nicht benötigten Dienste

Deaktivieren alle nicht von Ihnen benötigten Dienste wie WLAN, GPS und Bluetooth. Zum einen erhöht das die Laufleistung Ihres Akkus und bietet zum anderen weniger Angriffsflächen.

## 7. Nutzen Sie die Verschlüsselungsmöglichkeiten

Achten Sie darauf, dass Sie Ihre Anmeldedaten beispielsweise für das Abrufen von E-Mails oder für Anmeldungen an Websites, in sozialen Netzwerken und so weiter verschlüsseln. Ansonsten können solche Anmeldungen im Internet und speziell in ungesicherten WLANs mitgelesen werden.

## 8. Verwenden Sie nur vertrauenswürdige WLANs

Beachten Sie unbedingt, dass öffentliche Hotspots nur bedingt Sicherheit bieten. Hotspots finden Sie inzwischen fast überall. In Bahnhöfen, im ICE, an Flughäfen, auf Langstreckenflügen, im Café oder im Szenerestaurant, um nur einige Beispiele zu nennen. Eine Gefahr ist, dass Sie nicht prüfen können, ob der Hotspot, den Sie verwenden möchten, wirklich der ist, der er vorgibt zu sein. Für Computerspezialisten ist es sehr einfach, sogenannte Fake-Hotspots zu betreiben, der dann den WLAN-Namen (SSID) von bekannten Hotspots wie beispielsweise den Namen eines großen deutschen Telekom-Unternehmens. Gutgläubig werden Sie dann diesen Hotspot verwenden und surfen damit über ein WLAN, welches von einem Kriminellen betrieben wird. Dieser kann nun versuchen, beispielsweise Ihre Anmeldedaten wie E-Mail-Adresse und Kennwörter im WLAN mitzulesen. Bei einigen Programmen taucht eine Warnmeldung auf, die so oder ähnlich aussieht, wie das Beispiel auf der nächsten Seite zeigt. Brechen Sie in diesem Fall sofort die WLAN-Verbindung ab! Höchstwahrscheinlich versucht in diesem Fall jemand, Ihren Datenverkehr im WLAN oder im Internet zu manipulieren und Ihre Anmeldedaten mitzulesen.

Sie sollten in diesem Fall möglichst unverzüglich über eine sichere Internetverbindung Ihre Anmeldedaten ändern.

Sofern Sie über eine entsprechende Daten-Flatrate verfügen, sollten Sie lieber eine reguläre Mobilfunkverbindung (beispielsweise UMTS- oder LTE) nutzen.

## 9. Beachten Sie folgende Sicherheitstipps beim Telefonieren

- Niemals auf Links in SMS, E-Mails oder anderen Nachrichten klicken, besonders dann nicht, wenn Sie Onlinebanking über Ihr Handy/Smartphone machen.
- Öffnen Sie keine MMS von unbekannten Absendern. Auch wenn der Absender Ihnen bekannt ist, aber normalweise keine MMS versendet, sollten Sie diese erst nach Rückfrage öffnen.
- Bevor Sie eine Rufnummer zurückrufen, sollten Sie genau prüfen, ob es sich dabei nicht um eine kostenpflichtige Mehrwertrufnummer handelt.
- Sofern möglich, immer einen Einzelverbindungsnachweis für Ihre Telefonabrechnungen beantragen. Prüfen Sie die Abrechnung.
- Speziell bei Kindern und Jugendlichen sollten Sie kostenpflichtige Rufnummern von Mehrwertdiensten

und die Identifizierung Ihres Mobilfunkvertrages für den mobilen Zahlungsverkehr sperren lassen. Viele Kinder und Jugendliche werden hier Opfer von sogenannten Abo-Fallen.

## 10. Backup

Sichern Sie regelmäßig Ihr Smartphone. Jeder Hersteller bietet Ihnen dafür verschiedene Möglichkeiten an. Private Daten, besonders private Fotos oder Videos gehören nicht immer in die Cloud!

# 6.

# DIE 10 GEBOTE DER COMPUTER-SICHERHEIT

*Das folgende Kapitel habe ich versucht, bewusst ohne Detailanleitungen zu gestalten. Zum einen würde dies den Umfang des Buches sprengen, zum anderen würden die Anleitungen teils schon vor der Veröffentlichung des Buches veraltet sein. Aus diesem Grund habe ich eine Website zum Buch erstellt. Auf dieser Website finden Sie exklusiv für Leserinnen und Leser dieses Buches detaillierte Anleitungen zur Absicherung Ihres Computers. Besuchen Sie diese Seite von Zeit zu Zeit oder abonnieren Sie den Newsletter, da ich immer wieder neue Anleitungen online stellen werde. Bis auf wenige Ausnahmen im angefügten Glossar habe ich auch bewusst auf eine Begriffserklärung verzichtet, da das Internet voll davon ist. Persönlich empfehlen ich Ihnen, auf Wikipedia (www.wikipedia.de) nachzuschlagen, wenn Ihnen der eine oder andere Begriff nicht geläufig sein sollte. Sofern keine ordentliche oder eindeutige Begriffserklärung vorhanden war, habe ich diese in dem jeweiligen Kapitel vorgenommen. Beachten Sie bitte, dass die folgenden Sicherheitshinweise zwar definitiv das Risiko minimieren, gehackt zu werden, dieses aber nicht ausschließen können.*

# 1. Aufbau eines notwendigen Basiswissens

Um sich als Autofahrer sicher im Straßenverkehr zu bewegen, benötigen Sie neben einem sicheren Fahrzeug unbedingt die Kenntnis der Straßenverkehrsordnung, der Verhaltensweisen in den verschiedenen Verkehrssituationen und über mögliche Stärken und Schwächen des eigenen PKWs. Ohne dieses Wissen ist die sichere Teilnahme am Straßenverkehr nicht möglich. Sie können das Auto mit dem höchsten Sicherheitsstandard kaufen, wenn Sie die Verkehrsregeln nicht kennen, nicht beachten oder einfach gefährliche Situationen nicht erkennen – beispielsweise Glatteis, dann helfen die Sicherheitsfunktionen und Bauweise des Autos nur noch bedingt.

Sie brauchen jedoch kein IT-Spezialist zu werden, schließlich braucht ein Autofahrer auch kein Kfz-Mechatroniker zu sein. Genauso verhält es sich mit dem Computer und dem Internet.

Lernen Sie die Grundlagen der Computerbenutzung. Nur dann können Sie mit einer akzeptablen Sicherheit im Internet surfen, Bankgeschäfte vornehmen und Ihre Privatsphäre wahren. Schutzsoftware wie Antivirenprogramme und Firewalls sind für Ihre Sicherheit enorm wichtig, reichen jedoch definitiv nicht aus!

**Was müssen Sie mindestens lernen?**
- Installation von Software-Updates
- Sichern von Daten auf externen Datenträgern oder in der Cloud

- Anlegen, Verwalten und Löschen von Benutzerkonten
- Verständnis für Antivirenprogramme und Antiviren-Boot-CDs
- Grundlogik von Dateien und Dateiendungen
- Grundlegendes Verständnis der Internetangebote, die von Ihnen genutzt werden (Onlinebanking, Amazon, eBay, 1und1 usw.)

## 2. Installieren Sie Updates und verwenden Sie nur aktuelle Software

Installieren Sie immer und zeitnah alle Sicherheits-Updates, die für Ihr Betriebssystem und für Ihre Anwendungsprogramme angeboten werden. Verwenden Sie keine alten Betriebssysteme wie beispielsweise Windows XP, sondern neue und aktuelle Versionen. Alte Betriebssysteme verfügen in der Regel nicht über die notwendigen Sicherheitsfunktionen, um heutige Bedrohungen abwenden zu können. **Mit alten Betriebssystemen und ohne Sicherheits-Updates gibt es keine Sicherheit!** Sie werden sich vielleicht fragen, warum Updates wichtig sind. Die Antwort dazu ist einfach: Jedes Betriebssystem (Windows, Linux usw.) und die meisten Anwendungsprogramme (Microsoft Word, Firefox usw.) haben Schutzfunktionen. Diese Schutzfunktionen sollen beispielsweise verhindern, dass Sie sich beim Surfen auf Webseiten ungewollt sogenannte Schadprogramme (Viren, Trojaner usw.) einfangen oder dass Daten auf Ihrem Computer beim Surfen von Fremden gelesen werden können. Es wäre Ihnen doch sicherlich nicht recht, wenn Fremde

Zugriff auf Ihre privaten Fotos, E-Mails, Bankdaten und
so weiter hätten oder wie bei Maren in Köln, auf Ihre
Webcam.

Allerdings wird Software wie Betriebssysteme oder Anwendungsprogramme und dergleichen von Menschen hergestellt. Menschen machen Fehler. Stellen Sie sich die
Entwicklung eines Betriebssystems vor, als ob Sie einen
Deutsch-Aufsatz schreiben. Dieser hat allerdings nicht
sieben oder acht DIN-A-4-Seiten, sondern rund 3,5 Millionen DIN-A-4-Seiten. Wie viele Fehler glauben Sie, würden
Sie in einem solchen Aufsatz machen?

Das Gleiche passiert beim Programmieren, es werden
Fehler gemacht. Nur können solche Fehler so versteckt
sein, dass diese bei einer Korrektur nicht erkannt werden
können. Einige solcher Fehler ermöglichen das Umgehen
der Sicherheitsfunktionen. Aus diesem Grund werden
von Softwareherstellern schnellstmöglich Updates zur
Verfügung gestellt, wenn solche Fehler bekannt geworden sind.

Installieren Sie diese Updates nicht? Dann haben Sie eine
Sicherheitslücke. Einige sind eher harmlos, andere
können dazu genutzt werden, Ihren Computer innerhalb
von Sekunden vollständig zu manipulieren.

Jede Woche werden Hunderte von neuen Sicherheitslücken in Betriebssystemen und Anwendungsprogrammen
gefunden.

Die meisten Hersteller bemühen sich, diese Lücken
umgehend zu schließen und stellen dafür kostenfrei
Sicherheits-Updates zur Verfügung.

Sie wünschen Sicherheit im Internet? Dann installieren
Sie immer und schnellstmöglich alle Sicherheits-Updates.

## Microsoft-Betriebssysteme

Aktivieren Sie als Erstes die automatischen Microsoft-Updates und stellen Sie diese auf „Automatisch herunterladen" und „Automatisch installieren" ein.

So finden Sie die
Microsoft-Upates:

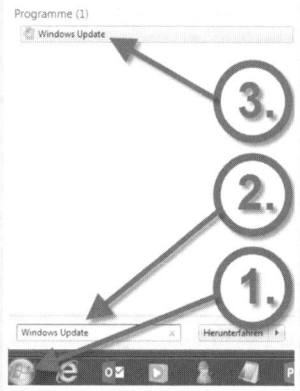

1. Klicken Sie auf Start (Windows-Symbol unten links in der Menüleiste)
2. Geben Sie in die Eingabezeile „Windows Update" ein
3. Klicken Sie dann auf das angezeigte Programm „Windows Update"

Eine kurze Video- und „Schritt für Schritt"-Anleitung für verschiedene Windows-Versionen finden Sie auf der Website zu diesem Buch unter www.tatort-www.de in der Rubrik „Anleitungen für Leser".

## Apple Mac OS

Entgegen vielen Gerüchten werden auch Macs gerne und inzwischen recht häufig angegriffen. Daher ist die zeitnahe Installation von Sicherheits-Updates auch beim Mac sehr wichtig. Aktivieren Sie unbedingt auch für Ihren Mac die Softwareaktualisierung. Diese finden Sie bei aktuellen Mac-Versionen in den Systemeinstellungen in der Rubrik „System" unter dem Button „Softwareaktualisierung". Klicken Sie wie in nachfolgender Grafik aufgeführt die

Optionen „Automatisch nach Updates suchen", „Neu
verfügbare Updates im Hintergrund laden" und „System-
dateien und Sicherheits-Updates installieren" an.

Sie können die Sicherheit bei aktuellen Macs stark
erhöhen, wenn Sie die Funktion „Programme aus folgenden Quellen erlauben" aktivieren. Diese Funktion verhin-
dert relativ zuverlässig, dass nur Programme (meistens
damit auch Trojaner) installiert und ausgeführt werden
können, die von dem Mac-App-Store oder über verifizier-
te Apple-Entwickler stammen. Sie finden die Einstellung
in der Systemeinstellung hinter dem Button „Sicherheit".
Wählen Sie die Funktion „Mac App Store" von „Programme aus folgenden Quellen erlauben" aus.
Video- und „Schritt für Schritt"-Anleitungen finden Sie auf
der Website zu diesem Buch unter www.tatort-www.de in
der Rubrik „Anleitungen für Leser".

Ein besonderes Augenmerk müssen Sie auf die Aktualisierung von Anwendungen wie **JAVA, Adobe Reader, Adobe Flash Player** legen. Die häufigsten erfolgreichen Hacking-Attacken werden derzeit durch Sicherheitslücken dieser drei Anwendungen verursacht. Aktivieren Sie, sofern möglich, bei allen Anwendungsprogrammen den automatischen Download und Installation von Sicherheits-Updates. Zeigt eins der drei Programme an, dass Updates zur Verfügung stehen, dann sollten Sie diese umgehend installieren!

Anleitungen für das Aktualisieren einiger Anwendungsprogramme finden Sie ebenfalls auf der Website zu diesem Buch unter www.tatort-www.de in der Rubrik „Anleitungen für Leser".

## Weitere Sicherheitstipps

- Sofern möglich, verzichten Sie ganz auf die Installation von JAVA. Allen Pessimisten zum Trotz, ich persönlich komme ohne Java aus.

- Lassen Sie sich über kritische Sicherheitslücken und Gefahrensituationen informieren. Abonnieren Sie dazu den kostenfreien **Bürger-CERT-Newsletter des Bundesamtes für Sicherheit in der Informationstechnik „Extra Ausgabe"**. Sie finden die Anmeldung dazu unter https://www.buerger-cert.de/subscription-new-request. Der Newsletter informiert Sie beispielsweise über neue kritische Sicherheitslücken und über Maßnahmen, um diese zu beseitigen.

- Persönlich verwende ich eine Software, die mir anzeigt, ob ich Sicherheits-Updates auf meinem Computer vergessen habe. Die Software heißt **PSI Consumer** und stammt von der dänischen IT-Sicherheitsfirma Secunia. Bisher ist die Software für private Internetnutzer gratis und kann kostenfrei von der folgenden Website heruntergeladen werden: http://secunia.com/vulnerability_scanning/personal Die Software selbst hat auch eine deutsche Menüführung (wird bei der Installation abgefragt), aber die Website ist auf Englisch.

- Eine andere Variante wäre die Nutzung des Online-Scanners von Secunia. Dieser setzt allerdings JAVA voraus. Sollten Sie JAVA verwenden müssen, dann kann der Einsatz des Online-Scanners Sinn machen, ansonsten bleiben Sie besser Java-frei. Sie finden den Online-Scanner unter http://secunia.com/vulnerability_scanning/online?lang=de.

- Jede moderne Software müsste heute eine Auto-Update-Funktion haben. Achten Sie beim Kauf neuer Software auf diese Funktion. Sollte diese nicht vorhanden sein, reklamieren Sie das.

- Fallen Sie nicht auf **Tricks von Kriminellen** herein, die Ihnen **per E-Mail-Anlage vermeintliche Updates** zusenden. In solchen Anlagen befinden sich meistens nur Schadprogramme.

## 3. Surfen Sie niemals mit Admin-Rechten

Für normale Tätigkeiten wie Surfen oder Schreiben am Computer sollte ein Benutzerkonto ohne „Admin-Rechte" verwendet werden.

Was ist ein Benutzerkonto? Ein **Benutzerkonto** stellt den „virtuellen" Menschen (Benutzer) am Computer dar. Für jeden Menschen, der beispielsweise an Ihrem Computer arbeitet, surft, mailt, chattet und dergleichen, sollte ein eigenes Benutzerkonto angelegt werden. Dieses Benutzerkonto definiert, was der angemeldete Benutzer machen darf und was nicht. Bei der Installation Ihres Computers (Betriebssystems) wird meistens nur ein reguläres Benutzerkonto angelegt. Weitere müssen von Ihnen angelegt werden. Wenn mehrere Benutzerkonten bei Ihnen angelegt sind, zeigt Ihr Computer Ihnen das nach dem Start beispielsweise wie auf dem Bild auf Seite 179. Sie können dann auswählen, mit welchem Benutzerkonto Sie sich anmelden möchten. Um zu verhindern, dass Familienmitglieder auf das Benutzerkonto anderer

zugreifen können, sollte pro Benutzerkonto ein eigenes Kennwort vergeben werden.

Anleitungen für das Anlegen von Benutzerkonten mit und ohne Admin-Rechte finden Sie auf der Website zu diesem Buch unter www.tatort-www.de in der Rubrik „Anleitungen für Leser".

**Admin-Rechte** sind spezielle Berichtigungen, die ein Computerbenutzer benötigt, um beispielsweise Software zu installieren, Systemeinstellungen vorzunehmen und so weiter. Der Grund für diese Empfehlung ist einfach: Diverse Hacking-Angriffe, Viren und Trojaner benötigen für eine erfolgreiche Manipulation beziehungsweise Infektion Ihres Computers Admin-Rechte. Häufig werden dafür die Rechte der am Computer zur Zeit des Angriffs angemeldeten Benutzer verwendet. Hat Ihr Benutzerkonto Admin-Rechte, ist ein Angriff viel einfacher, als wenn Ihr Benutzerkonto keine Admin-Rechte hat.

Immer mehr Viren und Trojaner können sich zwar ohne Admin-Rechte auf fremden Computern installieren, aber das Tarnen vor Antivirenprogrammen und die Ausbreitung der Infektion auf den gesamten Computer fällt solchen Schadprogrammen sehr viel schwerer, wenn der Benutzer keine Admin-Rechte hat. Diverse Trojaner, die mit Benutzerrechten installiert worden sind, können andere Benutzer, die auf dem gleichen Computer angemeldet sind, nicht ausspähen oder deren Arbeiten manipulieren. Weiterhin existieren diverse Viren und Trojaner, die zur Installation immer noch Admin-Rechte benötigen. Dazu kommen noch viele weitere Sicherheitsvorteile, mit Benutzerrechten zu surfen.

Aus diesen Gründen meine Empfehlung: Niemals mit einem Benutzerkonto, das Admin-Rechte hat, im Internet surfen, chatten, mailen und so weiter. Verwenden Sie für jeden Benutzer ein eigenes Benutzerkonto!

Wenn Sie, lieber Leser, Sicherheit im Internet wünschen, dann müssen Sie bereit sein, den ordnungsgemäßen Umgang mit Ihrem Computer zu lernen. Dazu gehört auch das **Anlegen eines Benutzerkontos ohne Admin-Rechte**.

Anleitungen für das Anlegen von Benutzerkonten mit und ohne Admin-Rechte finden Sie auf der Website zu diesem Buch unter www.tatort-www.de in der Rubrik „Anleitungen für Leser".

## 4. Setzen Sie professionelle Antivirensysteme ein

Um die folgenden Beschreibungen zu vereinfachen, werden Viren, Trojaner, Würmer usw. einfach als „Schadsoftware" bezeichnet.

In meinen Vorträgen zeige ich gerne live, wie Trojaner oder Viren getarnt werden können, sodass sie von Antivirenprogrammen nicht mehr erkannt werden. Sofort werde ich dann von Teilnehmern gefragt, ob auf den Einsatz von Antivirenprogrammen verzichtet werden kann. Dazu muss klar gesagt werden: NEIN, niemals ohne Antivirenschutz im Internet surfen! Installieren Sie eine professionelle Antivirenlösung für Ihren Windows-Computer, aber auch für Ihren Apple-Mac. Auch für Macs existieren Viren und Trojaner und die Anzahl nimmt rasant zu. Macs sind interessante Angriffsziele geworden, das wird von Kriminellen natürlich gerne ausgenutzt. Übrigens, auch auf Linux-Computern sollte eine Antivirensoftware installiert werden.

Sie sollten dabei nicht nach dem Geiz- und Sparprinzip vorgehen. Sicherlich gibt es sehr gute kostenfreie Antivirenprogramme. Allerdings bieten die kostenpflichtigen kommerziellen Versionen meistens mehr Sicherheit. Bei der Antivirensoftware zu sparen, ist definitiv der falsche Ansatz. Meine Empfehlung lautet: Kaufen Sie sich eine sogenannte **Internet Securitylösung**. In solchen Lösungen sind mehrere Schutzfunktionen enthalten. Leider macht es keinen Sinn, eine Empfehlung in diesem Buch auszusprechen, welche Antivirensoftware die beste ist, da sich das sehr schnell ändert. Viele

Computerfachmagazine wie beispielsweise die *c't* oder die *Computerwoche* führen regelmäßig Bewertungen solcher Programme durch. Dort können Sie aktuelle Empfehlungen nachlesen.

Weitere wichtige Möglichkeiten, sich vor Viren zu schützen:

- **Antivirus-Boot-CD**
  Zusätzlich zur installierten Antivirensoftware sollten Sie ein- bis zweimal pro Monat Ihren Computer mithilfe einer Antiviren-Boot-CD untersuchen. Speziell neue Schadsoftware wird häufig von Antivirenprogrammen nicht erkannt und tarnt sich nach erfolgreicher Installation auf einem Computer.
  Das Prinzip einer Antiviren-Boot-CD ist einfach und effektiv. Auf diesen Boot-CDs befinden sich abgespeckte Betriebssysteme mit einer speziellen Antivirensoftware. Sie starten Ihren Computer von dieser speziellen CD. Damit wird Ihr eigenes, auf dem Computer installiertes Betriebssystem nicht gestartet und Viren oder Trojaner können nicht aktiv werden, entsprechend können sich die Viren und Trojaner nicht aktiv vor einem Virenscan verstecken. Viele Hersteller von Antivirenprogrammen bieten solche Boot-CDs an. Auf der Website des **Anti-Botnet-Beratungszentrums** wird ein kostenfreies Boot-CD- Image zum Download angeboten. Eine ausführliche Anleitung zur Handhabung der Boot-CD finden Sie dort ebenfalls.
  Website Anti-Botnet-Beratungszentrum:
  https://www.botfrei.de/rescuecd.html

- **Prüfung von einzelnen Dateien über spezielle Antiviren-Webseiten**

  Neue Viren werden häufig nicht von allen Antivirenprogrammen erkannt. Sollten Sie beispielsweise eine **Datei per E-Mail** erhalten und Sie sind sich nicht sicher, ob es sich dabei um einen Virus handelt, dann können Sie solche Dateien **von mehreren Antivirenprogrammen** im Internet **überprüfen** lassen. Mein Favorit ist die Website www.virustotal.com. Sie können dort einzelne Dateien hochladen und ungefähr 45 verschiedene Antivirenprogramme prüfen dann Ihre Dateien auf Viren und Trojaner.

Dass eine installierte Antivirensoftware einen potenziellen Virus nicht erkennt, kommt recht häufig vor. Folgende E-Mail habe ich am 15. Mai 2013 um 11:30 Uhr erhalten. Meine auf dem Computer installierte Antivirensoftware erkannte den Trojaner in der Anlage nicht.

Um 18:10 Uhr habe ich die ZIP-Datei (im Bild umrandet) auf die Website www.virustotal.com hochgeladen. Von 46 Antivirenprogrammen, die auf der Website die ZIP-Datei geprüft hatten, haben immerhin 24 erkannt, dass es sich um einen Trojaner handelt.

Das Gleiche können Sie übrigens mit **Website-Adressen** machen. Kopieren Sie dazu die Adresse in das Prüffeld auf www.virustotal.com. Eine Alternative zu Virustotal ist die Website http://virusscan.jotti.org/de/. Beachten Sie aber, dass solche Webseiten zu prüfende Dateien häufig an die Antivirenhersteller weitergeben. Daher sollten Sie **niemals vertrauliche Dokumente hochladen**.

- **Wie können Sie Ihren Computer von Viren oder Trojanern desinfizieren?**
Eine zuverlässige Entfernung von Schadsoftware sollten Sie immer Experten überlassen. Persönlich

empfehle ich Ihnen, bei einer Trojaner- oder Virus-
infektion die Festplatte Ihres Computers vollständig zu
„löschen". Für den Privatgebrauch verwende ich die
Software DEBAN. Sie können DEBAN kostenfrei von
der Website http://www.dban.org/download herunterladen und dann auf eine CD brennen. Sie starten dann
Ihren Computer von der DEBAN CD und können die
gesamte Festplatte löschen. Vorher sollten Sie natürlich Ihre Daten sichern. Dafür bietet sich ein schreibge-
schützter Datenträger wie eine DVD oder Blueray an.
Prüfen Sie unbedingt, ob Ihre gesicherten Daten Viren
enthalten, bevor Sie diese wieder auf Ihren Computer
kopieren.
Einige wenige Schadsoftware können Sie schnell
und einfach mit Ihrer regulären Antivirussoftware
entfernen. Für andere wird wiederum eine spezielle
Software benötigt, sogenannte Removal-Tools. Viele
Hersteller von Antivirensoftware bieten solche Removal-Tools kostenfrei an. Welches Removal-Tool für
welche Schadsoftware benötigt wird, können Sie
entweder von Ihrem Antivirenhersteller erfahren oder
im Internet über gängige Suchmaschinen recherchieren. Wiederum andere Schadprogramme lassen sich
ausschließlich durch eine vollständige Neuinstallation
und vorherige Formatierung (Achtung bei Boot-Viren)
sicher entfernen.

## 5. Verwenden Sie immer eine Personal Firewall und einen Router

Ein Router trennt zwei oder mehrere Computernetze voneinander und kann den Datenverkehr zwischen den Netzen steuern. Das kann sich auf einen Zugang zum Internet beziehen, wie beispielsweise in der Grafik unten. Der Router in der Grafik trennt ein kleines privates Computernetz vom Internet. Dabei soll der Router es den Computern oder Tablet-PCs in dem Heimnetz ermöglichen, ins Internet zu kommen, aber Computern aus dem Internet soll der Zugriff auf das Heimnetz, also auf Ihre Computer verweigert werden. Solche Router werden als Internetzugangsrouter bezeichnet (zum Beispiel DSL-Router, UMTS-Router, LTE-Router, Kabel-Router) Andere Router verbinden beispielsweise WLANs (Funknetzwerke) mit dem lokalen Heimnetz und/oder mit dem Internet.

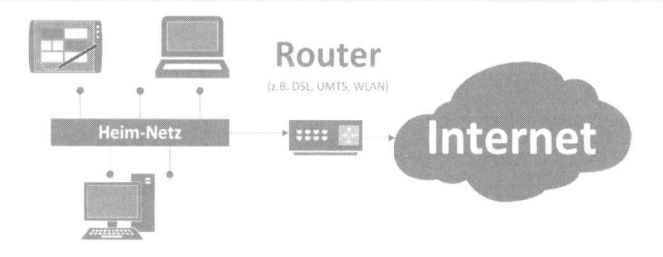

Setzen Sie zum Schutz Ihres Heimnetzes unbedingt einen Internetzugangsrouter für den Internetzugang ein. Schützen Sie Ihre Computer zusätzlich mit einer Personal Firewall (diese wird häufig auch Software Firewall genannt). Die Personal Firewall soll verhindern, dass unge-

wünschter Datenverkehr auf Ihren Computer gerät oder
diesen verlässt. Ab und zu erkennen Personal Firewalls
sogar Trojaner, die Daten von infizierten Computern ins
Internet senden möchten und unterbinden dies.

Die bei Windows 7, Windows 8 und bei Apples Mac OS X
integrierten Software Firewalls bieten einen ausreichenden Schutz. Bei älteren Windows-Versionen sollte auf
eine Software Firewall eines Drittanbieters zurückgegrif-
fen werden.

Anleitungen für die Konfiguration der Windows-Firewall,
von Apples Mac-Firewall und nach und nach von verschiedenen DSL-Routern finden Sie auf der Website zu
diesem Buch unter www.tatort-www.de in der Rubrik
„Anleitungen für Leser".

# 6. Wählen Sie den richtigen Webbrowser

Ein Webbrowser ist eine Software, mit der Sie sich
Websites ansehen können. Die bekanntesten Webbrowser sind der Internet Explorer, Firefox, Chrome
und Safari.

Die meisten Schadprogramme, also Viren, Trojaner und so
weiter fangen sich Internetbenutzer heute beim Surfen auf
gehackten Websites ein. Während noch vor ein paar
Jahren die Gefahr der Infektion mit Schadprogrammen
meist nur beim Besuch von unseriösen Websites bestand,
hat sich die Situation heute grundlegend geändert. Täglich
werden Hunderte seriöser Websites gehackt. Dabei sind
nicht einmal die großen bekannten Seiten im Internet vor
solchen Angriffen gefeit. Über die gehackten Websites

installieren Kriminelle dann automatisch Schadprogramme auf den Computern der Website-Besucher.

Aus diesem Grund entscheidet die Wahl des richtigen Webbrowsers und dessen Sicherheitseinstellungen maßgeblich darüber, wie sicher oder unsicher Sie im Internet surfen. Grundsätzlich sollten Sie eine sogenannte „Zwei-Browser-Strategie" befolgen. Das heißt, dass Sie mit zwei unterschiedlichen Webbrowsern arbeiten sollten. Der Grund ist einfach: Immer wieder werden Sicherheitslücken auch in Webbrowsern öffentlich. Stellen Sie sich einfach vor, Sie surfen hauptsächlich mit dem Webbrowser Firefox und installieren natürlich auch alle Sicherheits-Updates dafür. Dann wird eine Sicherheitslücke bekannt, die weltweit von Kriminellen ausgenutzt wird, um Computer von Internetnutzern beim Surfen auf gehackten Websites mit Schadprogrammen zu infizieren. Ein Update zum Schließen dieser Sicherheitslücke gibt es aber noch nicht. Der Hersteller arbeitet zwar mit Hochdruck an einer Lösung, wird aber voraussichtlich noch ein oder zwei Wochen benötigen. Was können Sie in einem solchen Fall machen? Das Surfen einstellen, das Risiko eingehen, gehackt zu werden?

Nein, der einfachste Weg wäre doch, **mit einem anderen Webbrowser**, der derzeit keine Sicherheitslücke aufweist, zu surfen, bis der Hersteller ein Software-Update zum Schließen der Sicherheitslücke veröffentlicht hat und Sie dieses installiert haben.

Die Frage ist nur, wie erfahren Sie davon, ob es eine solche Sicherheitslücke gibt? Ganz einfach, abonnieren Sie den Bürger-Cert-Newsletter des Bundesamtes für Sicherheit in der Informationstechnik. Der Newsletter informiert Sie auch über neue Sicherheitslücken und über Maßnahmen, um diese zu beseitigen. Sie finden die Anmeldung dazu unter https://www.buerger-cert.de/subscription-new-request.

**Welche beiden Webbrowser sollten Sie verwenden?**

- Benutzen Sie ein Microsoft-Betriebssystem? Dann sollten Sie derzeit den **Google Chrome** und **Internet Explorer** jeweils in der aktuellsten Version verwenden.
- Sind Sie Mac-User? Dann sollten Sie ebenfalls den **Google Chrome**-Webbrowser und als Alternative den **Firefox** verwenden.
- Aktivieren Sie unbedingt beim Internet Explorer den **SmartScreen-Filter**. Die Webbrowser Google Chrome und Mozilla Firefox stellen eine ähnliche Funktion mit dem Phishing- und Malware-Schutz zur Verfügung. Mithilfe dieser Filter wird versucht, Sie vor Webseiten zu schützen, die zum Verteilen von Schadprogrammen und zum Phishing verwendet werden. Daher: Unbedingt aktivieren!
- Prüfen Sie die Aktualität. Prüfen Sie regelmäßig unter https://www.botfrei.de/browsercheck/ Ihren Webbrowser. Die Prüfung ist kostenfrei. Alternativ können Sie Ihren Webbrowser auch unter https://browsercheck.qualys.com/ prüfen lassen.

Anleitungen für die Konfiguration der beiden Webbrowser finden Sie auf der Website zu diesem Buch unter www.tatort-www.de in der Rubrik „Anleitungen für Leser".

# 7. Verwenden Sie sichere Kennwörter

Kennwörter werden in der digitalen Welt zum Schutz von Daten und Geräten eingesetzt. Angefangen bei Kennwörtern zum Schutz von Computern, Handys und Smartphones, über PINs und TANs für das Onlinebanking bis hin zum Schutz Ihrer sogenannten digitalen Identität im Internet. Eine digitale Identität soll sicherstellen, dass ein Mensch im Internet eindeutig identifiziert werden kann. Beispielsweise wäre es doch wichtig, wenn Sie wissen, von wem eine geschäftliche E-Mail stammt.

Kennwörter bilden bis auf wenige Ausnahmen gemeinsam mit einer E-Mail-Adresse die digitale Identität von Menschen im Internet. Mit einer digitalen Identität kommunizieren Internetnutzer beispielsweise per E-Mail mit Freunden und Geschäftspartnern, teilen sich in sozialen Netzen mit und können Waren beispielsweise bei Amazon oder Ebay kaufen. Aber auch Zahlungsverkehr wie PayPal, Kreditkartenzahlungen oder klassisches Online-Banking wird mit einer digitalen Identität abgewickelt.

Ihre E-Mail-Adresse wird in der Regel kein Geheimnis sein, damit bleibt noch das Kennwort, um Ihre Identität zu schützen. Errät oder hackt jemand Ihr Kennwort, dann kann es unangenehm werden. Hacker verfügen über Hunderte von Möglichkeiten, um Kennwörter zu hacken. Angefangen bei spezialisierten Programmen, mit denen vollautomatisch alle möglichen Zeichenfolgen oder Wörterbücher kombiniert mit Zahlen getestet werden, bis zu Programmen, mit welchen Kennwörter einfach mitgelesen werden können.

Damit Sie sich vor solchen Angriffen schützen können,
müssen Ihre Kennwörter spezielle Sicherheitsanforderun-
gen erfüllen.

## Sicherheitsanforderungen an Ihre Kennwörter

### 1. Verwenden Sie bei jedem Internetanbieter ein anderes Kennwort.

Sie werden sich sicherlich fragen, warum Sie nicht ein
Kennwort für unterschiedliche Internetanbieter nehmen
sollen? Nahezu täglich werden Internetanbieter von
Kriminellen gehackt und die Zugangsdaten (beispielsweise E-Mail-Adresse und Kennwörter) gestohlen.
Mit diesen Identitätsdaten versuchen Kriminelle sich dann
bei anderen Internetdienstanbietern anzumelden
und zum Beispiel mit der gestohlenen Identität Waren zu
bestellen (siehe oben Kapitel 4).

### 2. Langes Kennwort

- Ihr sicheres Kennwort ist mindestens 10 Zeichen lang
  (WPA/WPA2-Kennwörter mindestens 30 Zeichen) und
  besteht aus kleinen Buchstaben, großen Buchstaben,
  Zahlen und Sonderzeichen also beispielsweise
  *1fj$&$mmF20KddPW!*.
- Es kommt nicht in Wörterbüchern vor. Auch und
  insbesondere sind Namen der Familienmitglieder, des
  Haustiers, von Freunden, von Prominenten, Geburts-
  daten, Kfz-Kennzeichen et cetera tabu.
- Es besteht nicht aus Tastaturfolgen wie beispielsweise: 1234qwert!"§$

- Einige Internetanbieter geben bei der Anmeldung oder bei der Kennwortänderung Kennwörter vor; diese bitte umgehend ändern.
- Geben Sie niemals Ihr Kennwort an jemanden weiter, auch nicht wenn Sie per Telefon, E-Mail oder auf Websites danach gefragt werden.
- Ändern Sie Ihre Kennwörter regelmäßig, zumindest zweimal im Jahr.

Wie viele andere werden Sie sich sicherlich fragen, wie man sich solche Kennwörter merken kann? Das oben genannte Beispiel-Kennwort kann ich mir auch nicht merken, was aber auch nicht notwendig ist. Ich merke mir nur Sätze. Das obige Kennwort stammt von folgendem Satz: „Ich fahre jeden Samstag und Sonntag mit meinem Fahrrad 20 Kilometer durch den Pfälzer Wald!"
Für das Kennwort nehme ich nur den ersten Buchstaben eines jeden Wortes und alle Ziffern einer Zahl. Die folgenden Buchstaben ersetze ich automatisch durch die zugeordneten Sonderzeichen:

i=1
l=1
s=$
S=$
o=0
O=0
und=&

Damit ergibt sich folgendes Kennwort:
1fj$&$mmF20KddPW!

Wenn Sie einmal eine solche Satzbaulogik verinnerlicht haben und dies schlicht und einfach ein paarmal trainieren, dann werden Sie zukünftig keine Probleme mit dem Merken komplexer Kennwörter, beziehungsweise deren Satzlogik haben. Wichtig ist dabei nur, dass Sie sich dazu klare Regeln aufbauen. Immer die gleichen Buchstaben mit Sonderzeichen austauschen, immer den ersten, zweiten oder dritten Buchstaben eines Wortes für das Erstellen eines Kennwortes nehmen. Kleiner Tipp: Niemals bekannte Zitate oder Sätze für das Erstellen eines Kennwortes nehmen. Diese kommen zum Teil schon in speziellen Wörterbücher vor, die Kriminelle zum Hacken von Kennwörtern verwenden.

Sie werden feststellen, dass einige Internetanbieter leider keine sicheren Kennwörter zulassen. Beispielsweise bei „Lufthansa – Miles and More" können Sie keine Sonderzeichen verwenden (Stand Mai 2013). Dann beschweren Sie sich bitte als Erstes massiv bei dem Anbieter. In der heutigen Zeit ist es eine Frechheit, keine sicheren Kennwörter zuzulassen. Dann entscheiden Sie sich, ob es eine Alternative zum Anbieter gibt, wenn nicht, tja, in den sauren Apfel beißen und die Sonderzeichen einfach weglassen.

**3. Da Sie für verschiedene Internetanbieter jeweils ein eigenes Kennwort benötigen, entsteht das Problem, sich unterschiedliche Kennwörter merken zu müssen.**
Haben Sie zehn oder mehr Konten bei Internetanbietern, wird es sehr schwierig, sich diese unterschiedlichen Kennwörter oder Kennwortsätze zu merken.

Hierzu empfehle ich Ihnen eine der folgenden
drei Varianten:

a) Nehmen wir wieder das Kennwort 1fj$&$mmF20Kd-
dPW! und die Internetanbieter Amazon, Google und
Ebay. Eine Möglichkeit wäre, den ersten Buchstaben
des Internetanbieters an die erste Stelle des Kennwortes zu stellen und den letzten Buchstaben an die
letzte Stelle des Kennwortes.

Damit ergeben sich folgende Kennwörter:
*Amazon:* erster Buchstabe „A", letzter Buchstabe „n"
– A1fj$&$mmF20KddPW!n
*Google:* erster Buchstabe „G", letzter Buchstabe „e"
– G1fj$&$mmF20KddPW!e
*Ebay:* erster Buchstabe „E", letzter Buchstabe „y"
– E1fj$&$mmF20KddPW!y

**Tipp:** Verwenden Sie andere Stellen für die Internetan-
bieter-Kennwort-Individualisierung als die erste und
letzte Stelle.

b) Eine andere Methode ist der Einsatz sogenannter
Kennwort- oder Passwortprogramme. Je nach Programm werden die Kennwörter sogar von den Kenn-
wortprogrammen selbst erzeugt. Sie brauchen sich
dann nur noch ein sogenanntes Master-Kennwort zu
merken, den Rest, beispielsweise die Anmeldung an
den verschiedenen Webseiten, übernimmt das Kennwortprogramm für Sie.

1 0
0 1
1 0

Persönlich empfehle ich Ihnen das folgende
kostenfreie Kennwortprogramm: Keepass
(URL: keepass.info)

c) Sie werden immer wieder hören und lesen, dass Kennwörter nicht aufgeschrieben werden dürfen. Unter
gewissen Voraussetzungen können Sie Kennwörter
durchaus aufschreiben.
Aber Kennwörter sollten niemals in einer unverschlüs-
selten Datei auf Ihrem Computer gespeichert werden.
Tarnen Sie Ihre Kennwörter nach einem nur Ihnen
bekannten Schema. Nehmen wir wieder als Beispiel
die vorher verwendeten Kennwörter für Amazon,
Google und Ebay. Setzen Sie dann beispielsweise
immer drei Zeichen vor das eigentliche Kennwort und
ein Zeichen an die vorletzte Stelle des Kennwortes:

*Amazon:* nicht getarnt: A1fj$&$mmF20KddPW!n
getarnt: 1AVA1fj$&$mmF20KddPW!#n
*Google:* nicht getarnt: G1fj$&$mmF20KddPW!e
getarnt: 1G?G1fj$&$mmF20KddPW!Öe
*Ebay:* nicht getarnt: E1fj$&$mmF20KddPW!y
getarnt: 1EyE1fj$&$mmF20KddPW!ey

Auch hier gilt: Sie müssen sich eine Logik merken,
dann können Sie Hunderte von unterschiedlichen
Kennwörtern so aufschreiben, dass ein Missbrauch
relativ unwahrscheinlich ist.
Alternativ würden sich stationäre Ladengeschäfte in
Ihrer Heimatstadt sehr über Ihren Einkauf freuen. Dort
brauchen Sie auch keine Kennwörter.

## 8. Verhalten Sie sich vorsichtig im Internet

Surfen Sie mit Verstand und vor allem vorsichtig im Internet. Vorsichtig heißt, dass Sie nicht alles glauben sollten, was Ihnen im Internet erzählt oder angeboten wird. Neben einer großen Anzahl von seriösen Informationen und Anbietern gibt es natürlich auch Kriminelle, die versuchen werden, auch Sie irgendwie über den Tisch zu ziehen. Eine sehr beliebte Methode ist der Versuch, Sie unter Vortäuschung falscher Tatsachen zum Herunterladen von Schadsoftware zu bewegen. Seien Sie daher misstrauisch, egal ob beim Einkaufen in unbekannten Internetshops (hier hilft eine kurze Recherche häufig, die Spreu vom Weizen zu trennen), beim Herunterladen von Daten oder beim Eingeben Ihrer persönlichen Daten wie Ihrer E-Mail-Adresse.

## 9. Achtung bei E-Mail-Anlagen

Die E-Mail ist immer noch das wichtigste Kommunikationsmedium im Internet. Daher ist es nicht verwunderlich, dass E-Mails gerne und häufig von Kriminellen missbraucht werden. So schön und unkompliziert E-Mails auch sein mögen, sie haben einige elementare Nachteile. Der heutige E-Mail-Standard ist schlicht und einfach gesagt unsicher. Warum? Absender-E-Mail-Adressen können mit einfachsten Mitteln gefälscht werden, entsprechend können Sie nicht erkennen, wer der eigentliche E-Mail-Absender ist. In meinen Vorträgen zeige ich das

gerne anhand einer E-Mail, die ich im Namen unserer
Bundeskanzlerin Frau Dr. Merkel versende.
E-Mails werden normalerweise unverschlüsselt –
also im Klartext – im Internet übertragen und können
von Fremden mitgelesen werden.
Seien Sie also misstrauisch, wenn Ihnen „Bekannte"
E-Mails mit ungewöhnlichen Inhalten oder Anlagen
zusenden. Sie können nur vermuten, ob die E-Mail
tatsächlich von dem vermeintlichen Absender stammt.
Rufen Sie im Zweifel vor dem Öffnen von Anlagen oder
dem Anklicken von Hyperlinks den Absender an.
Meine Firma – 8com – führt weltweit für Unternehmen
praktische Informationssicherheitsprüfungen durch.
In einer unserer Testreihen prüfen wir den Sensibilisie-
rungsgrad von Mitarbeitern von Unternehmen. Häufig
senden wir dazu an alle Mitarbeiter E-Mails mit gefälschten Absenderadressen und fordern diese dann auf,
E-Mail-Anlagen zu öffnen oder auf Hyperlinks zu klicken.
Unsere erfolgreichste E-Mail, die wir an Mitarbeiter von
Unternehmen gesendet hatten, enthielt einen Hyperlink
zum Download einer Datei, die angeblich einen Gehaltsvergleich des jeweiligen Unternehmens enthielt.
Natürlich existierte kein Gehaltsvergleich. Aber die Neugier der Mitarbeiter war so groß, dass wir sogar E-Mails
von Mitarbeitern erhielten, die sich beschwerten, dass sie
den Gehaltsvergleich nicht öffnen können und wir ihnen
diesen doch bitte per E-Mail zusenden sollten. Der
Gehaltsvergleich war in Wirklichkeit eine Schadsoftware,
mit der wir dann über das Internet Zugriff auf die jeweiligen Computer der Benutzer bekommen hatten. Fast 80
Prozent der Empfänger haben auf diese E-Mail geklickt.

Übrigens ist das menschlich, aus diesem Grund führen wir solche Prüfungen nur anonymisiert durch, sodass keine Rückschlüsse gezogen werden können, welche Mitarbeiter auf Hyperlinks geklickt haben. Nebenbei sollte erwähnt werden, dass unter den Top 3 der Abteilungen, die auf solche E-Mails reinfallen, sich immer die Geschäftsleitung oder der erweiterte Vorstand befindet.
Öffnen Sie niemals E-Mail-Anlagen, die folgende Dateiendungen aufweisen, außer wenn Sie diese explizit angefordert oder erwartet haben:

.exe (Windows)

.zip (Windows + Mac)

.7z (Windows + Mac)

.com (Windows)

.bat (Windows)

.scr (Windows)

.vbs (Windows)

dmg (Mac)

pckg (Mac)

Damit Sie die Dateiendung überhaupt sehen können, müssen Sie die Anzeige der Dateinamenserweiterung aktivieren. Sie finden dazu Anleitungen für Windows 7 und Mac unter www.tatort-www.de.
Kriminelle versenden inzwischen sehr gerne Schadprogramme, die in Zip-Dateien versteckt werden. Besonders frech ist eine Variante, in der die Zip-Datei mit einem Kennwort verschlüsselt wird. Damit können Antivirenprogramme den Inhalt nicht überprüfen.
Das Kennwort wird meistens in der E-Mail mitgesendet. Auch hier ist Vorsicht geboten.

Befolgen Sie daher bitte meinen Rat: Prüfen Sie eine
E-Mail auf untypische Inhalte, Schreibweisen und dergleichen, bevor Sie auf Hyperlinks klicken oder Anlagen
öffnen. Rufen Sie den Absender im Zweifelsfall an.
Eine andere Alternative ist die Prüfung der Datei oder
des Hyperlinks auf www.virustotal.com.
Deaktivieren Sie die Vorschaufunktion Ihres E-Mail-Pro-
gramms für aktive Inhalte und automatische Downloads.
Anleitungen für die unterschiedlichen E-Mail-Programme
finden Sie bei den entsprechenden Herstellern.

## 10. Erstellen Sie regelmäßig Backups von Ihren Daten

Sichern Sie immer alle Daten, die Ihnen wichtig sind.
Vergessen Sie niemals: Jeder Datenspeicher (Festplatte,
USB-Stick, CD-ROM usw.) kann auch physisch beschä-
digt werden, sodass die Daten nicht mehr lesbar sind.
Auf Deutsch gesagt: Sie können jederzeit alle Ihre Daten
(Fotos, Briefe, E-Mails, Filme und alle anderen Daten)
verlieren, ohne dass ein Virus diese gelöscht hätte oder
sonst jemand etwas falsch gemacht hat.
Sie müssen sich einfach die Frage stellen – und mög-
lichst auch beantworten: Was passiert, wenn meine
Daten weg sind? Welche dürfen niemals verloren gehen?

• Daten, die niemals verloren gehen dürfen, sollten Sie
  auf externen Datenträgern abspeichern, die gegen ein
  Überschreiben oder Löschen gesichert sind.

- Eine Festplatte eignet sich nur bedingt für eine solche Sicherung. Verwenden Sie dafür beispielsweise CDs, DVDs oder Blue Rays.

- Beachten Sie dabei, dass diese Datenträger möglichst im Dunkeln und bei gleichbleibender kühler (nicht zu kalter) Temperatur gelagert werden sollten. Unter direkter Sonneneinstrahlung werden diese Datenträger sehr schnell zerstört. Aber auch sie halten nicht ewig. Bei sachgemäßer Lagerung sollten Sie von einer Lebensdauer von CDs/DVDs von fünf bis zehn Jahren ausgehen. Übrigens: Es gibt extra hochwertige CDs/DVDs die eine entsprechend längere Lebensdauer haben. Fragen Sie bei Bedarf einfach im Fachhandel danach.

- Prüfen Sie unbedingt nach dem Sichern Ihrer Daten, ob diese auch wirklich vollständig auf dem Sicherungsmedium gespeichert worden sind und ob sich die Dateien öffnen lassen.

**Wiederherstellung:** Sie müssen in der Lage sein, Ihr Betriebssystem wieder zu installieren oder diese Arbeiten einen EDV-Dienstleister durchführen zu lassen. Während bei neuen Macs die Installation des Betriebssystem häufig direkt über das Internet (OS X-Internetwiederherstellung) möglich ist, wird bei Windows meist ein Installationsdatenträger wie eine CD oder DVD benötigt. Leider werden Computer heute oftmals ohne Installations-CD verkauft. Wenn dies bei Ihnen der Fall ist, dann sollten Sie nach dem Kauf eines Computers als Erstes einen Systemreparaturdatenträger erstellen. Eine Anleitung für Windows 7 finden Sie unter folgendem Hyperlink:

http://windows.microsoft.com/de-DE/windows7/products/
features/backup-and-restore
Eine Anleitung für die Mac OS X Wiederherstellung finden
Sie unter dem folgenden leider kryptischen Link: http://
support.apple.com/kb/HT4718?viewlocale=de_DE

# Weitere Sicherheitstipps

Weitere Sicherheitstipps finden Sie auf der Buch-Website unter www.tatort-www.de.

# Checklisten

Prüfen Sie mithilfe dieser Checkliste, ob Sie alle zehn Gebote umgesetzt haben. Verwenden Sie diese Liste auch, wenn beispielsweise ein IT-Dienstleister die Absicherung Ihres Computers übernimmt. Lassen Sie sich in diesem Fall die ordnungsgemäße Absicherung schriftlich bestätigen.

*Weitere Themen und Ergänzungen finden Sie immer aktuell auf der Buch-Website www.tatort-www.de*

# Checkliste für die Installation und Konfiguration

| Nr. | Umsetzung | erledigt | Datum, Kürzel |
|---|---|---|---|
| 1. | Betriebssystem-Updates auf „Automatisch herunterladen und installieren" eingestellt? | ☐ JA ☺☺☺<br>☐ NEIN ☹☹☹ | |
| 2. | Alle Anwendungsprogramme überprüft, ob eine automatische Aktualisierung möglich ist und diese aktiviert? | ☐ JA ☺☺☺<br>☐ NEIN ☹☹☹ | |
| 3. | Software Secunia PSI zur Aktualitäts-überprüfung installiert? | ☐ JA ☺☺☺<br>☐ NEIN ☹☹☹ | |
| 4. | Liste von Programmen erstellt, die manuell auf fehlende Updates überprüft werden müssen? | ☐ JA ☺☺☺<br>☐ NEIN ☹☹☹ | |
| 5. | Newsletter vom Bürger-CERT abonniert? | ☐ JA ☺☺☺<br>☐ NEIN ☹☹☹ | |
| 6. | JAVA deinstalliert? | ☐ JA ☺☺☺<br>☐ NEIN ☹☹☹ | |
| 7. | Benutzerkonten ohne Admin-Rechte für alle Benutzer (auch Kinder) einzeln angelegt? | ☐ JA ☺☺☺<br>☐ NEIN ☹☹☹ | |
| 8. | Installation einer professionellen Antivirussoftware? | ☐ JA ☺☺☺<br>☐ NEIN ☹☹☹ | |
| 9. | Antiviren-Boot-CD vorhanden?<br>zum Beispiel:<br>• https://www.botfrei.de/rescuecd.html<br>• Desinfec't CD des Magazins c't<br>(sehr empfehlenswert) | ☐ JA ☺☺☺<br>☐ NEIN ☹☹☹ | |
| 10. | Website www.virustotal.com in beiden Webbrowsern zu den Favoriten hinzugefügt? | ☐ JA ☺☺☺<br>☐ NEIN ☹☹☹ | |
| 11. | Router oder Hardware Firewall installiert? | ☐ JA ☺☺☺<br>☐ NEIN ☹☹☹ | |
| 12. | Software Firewall aktiviert? | ☐ JA ☺☺☺<br>☐ NEIN ☹☹☹ | |

| | | | |
|---|---|---|---|
| 13. | Zwei Webbrowser installiert?<br>• Google Chrome (Phishing- und Malwareschutz aktivieren) und Internet Explorer (SmartScreen-Filter aktivieren) für Windows<br>• Google Chrome (Phishing- und Malwareschutz aktivieren) und Firefox für Mac | ☐ JA ☺☺☺<br>☐ NEIN ☹☹☹ | |
| 14. | Die Website https://www.botfrei.de/browsercheck/ zu den Favoriten in beiden Webbrowsern hinzugefügt? | ☐ JA ☺☺☺<br>☐ NEIN ☹☹☹ | |
| 15. | Sichere und unterschiedliche Kennwörter erstellt? | ☐ JA ☺☺☺<br>☐ NEIN ☹☹☹ | |
| 16. | Dateinamenserweiterung aktiviert? | ☐ JA ☺☺☺<br>☐ NEIN ☹☹☹ | |
| 17. | Voransichtsfunktion Ihres E-Mail-Programmes für aktive Inhalte deaktiviert? | ☐ JA ☺☺☺<br>☐ NEIN ☹☹☹ | |
| 18. | Automatische Download-Funktion Ihres E-Mail-Programmes für die Voransicht deaktiviert? | ☐ JA ☺☺☺<br>☐ NEIN ☹☹☹ | |
| 19. | Regelmäßiges Backup eingerichtet? | ☐ JA ☺☺☺<br>☐ NEIN ☹☹☹ | |
| 20. | Datenträger für die Betriebssystem-Neuinstallation ist vorhanden (sofern nicht direkt über das Internet neuinstalliert werden kann)? | ☐ JA ☺☺☺<br>☐ NEIN ☹☹☹ | |
| 21. | Prüfung, ob Backup-Funktion fehlerfrei läuft? | ☐ JA ☺☺☺<br>☐ NEIN ☹☹☹ | |

# Checkliste für wiederkehrende Tätigkeiten

Überprüfen Sie, ob Sie alle notwendigen, regelmäßig wiederkehrenden Sicherheitsmaßnahmen durchführen und dokumentieren Sie es zur Selbstkontrolle hier:

| Manuelle Kontrolle, ob alle Betriebssystem-Updates ordnungsgemäß installiert worden sind. | | | | | |
|---|---|---|---|---|---|
| Datum, Kürzel | Datum, Kürzel | Datum, Kürzel | Datum, Kürzel | Datum, Kürzel | Datum, Kürzel |
| Datum, Kürzel | Datum, Kürzel | Datum, Kürzel | Datum, Kürzel | Datum, Kürzel | Datum, Kürzel |

| Überprüfung der Aktualität der Programme mit Secunia PSI (wöchentlich) | | | | | |
|---|---|---|---|---|---|
| Datum, Kürzel | Datum, Kürzel | Datum, Kürzel | Datum, Kürzel | Datum, Kürzel | Datum, Kürzel |
| Datum, Kürzel | Datum, Kürzel | Datum, Kürzel | Datum, Kürzel | Datum, Kürzel | Datum, Kürzel |
| Datum, Kürzel | Datum, Kürzel | Datum, Kürzel | Datum, Kürzel | Datum, Kürzel | Datum, Kürzel |
| Datum, Kürzel | Datum, Kürzel | Datum, Kürzel | Datum, Kürzel | Datum, Kürzel | Datum, Kürzel |

| Aktualität der Webbrowser über https://www.botfrei.de/browsercheck/ geprüft (wöchentlich) | | | | | |
|---|---|---|---|---|---|
| Datum, Kürzel | Datum, Kürzel | Datum, Kürzel | Datum, Kürzel | Datum, Kürzel | Datum, Kürzel |
| Datum, Kürzel | Datum, Kürzel | Datum, Kürzel | Datum, Kürzel | Datum, Kürzel | Datum, Kürzel |
| Datum, Kürzel | Datum, Kürzel | Datum, Kürzel | Datum, Kürzel | Datum, Kürzel | Datum, Kürzel |

## Aktualität der manuell zu prüfenden Programme gecheckt (monatlich)

| | | | | | |
|---|---|---|---|---|---|
| Datum, Kürzel | Datum, Kürzel | Datum, Kürzel | Datum, Kürzel | Datum, Kürzel | Datum, Kürzel |
| Datum, Kürzel | Datum, Kürzel | Datum, Kürzel | Datum, Kürzel | Datum, Kürzel | Datum, Kürzel |
| Datum, Kürzel | Datum, Kürzel | Datum, Kürzel | Datum, Kürzel | Datum, Kürzel | Datum, Kürzel |

## Computer mit Antivirus Boot-CD geprüft (monatlich)

| | | | | | |
|---|---|---|---|---|---|
| Datum, Kürzel | Datum, Kürzel | Datum, Kürzel | Datum, Kürzel | Datum, Kürzel | Datum, Kürzel |
| Datum, Kürzel | Datum, Kürzel | Datum, Kürzel | Datum, Kürzel | Datum, Kürzel | Datum, Kürzel |
| Datum, Kürzel | Datum, Kürzel | Datum, Kürzel | Datum, Kürzel | Datum, Kürzel | Datum, Kürzel |

## Geprüft, ob Datensicherung durchgeführt wird und Dateien lesbar sind (monatlich)

| | | | | | |
|---|---|---|---|---|---|
| Datum, Kürzel | Datum, Kürzel | Datum, Kürzel | Datum, Kürzel | Datum, Kürzel | Datum, Kürzel |
| Datum, Kürzel | Datum, Kürzel | Datum, Kürzel | Datum, Kürzel | Datum, Kürzel | Datum, Kürzel |
| Datum, Kürzel | Datum, Kürzel | Datum, Kürzel | Datum, Kürzel | Datum, Kürzel | Datum, Kürzel |

## Alle Kennwörter gewechselt (alle 3 bis 6 Monate)

| | | | | | |
|---|---|---|---|---|---|
| Datum, Kürzel | Datum, Kürzel | Datum, Kürzel | Datum, Kürzel | Datum, Kürzel | Datum, Kürzel |

# SCHLUSS-WORT

# Internet und Kriminalität im Alltag

Sie haben nun einen Teil der Bedrohungen im und durch das Internet und Maßnahmen für Ihre Sicherheit kennengelernt. Sicherheit kann, wie Sie gelesen haben, nur durch eine Kombination von Schutzhardware und -software, Einstellungen am Computer und angemessenem Verhalten erreicht werden. Deswegen ist es wichtig, zu akzeptieren, dass Sicherheit mit Arbeit und dem Aufbau eines rudimentären Wissens verbunden ist.

Die vorgestellten Fälle habe ich ausgewählt, weil sie meinen Mitarbeitern und mir am häufigsten begegnet sind. Hinzu kommt, dass diese durch die im Buch vorgestellten Maßnahmen abgewendet werden können und abgewendet werden sollten.

Aber es gibt natürlich noch weitere Risiken und Gefahren der Internetnutzung. Sie alle darzustellen hätte den Rahmen dieses Buches gesprengt. Ich weise kurz auf einige weitere typische Situationen hin, bei denen Menschen aktiv oder als Betroffene via Internet Probleme mit unerlaubten oder kriminellen Handlungen bekommen können.

Ein beunruhigender Trend ist die Urlaubsdarstellung von Internetnutzern in sozialen Netzwerken wie Facebook. Immer häufiger posten Ferienreisende ihre Urlaubsdaten und versorgen das weltweite Internet quasi in Echtzeit mit Fotos und Videos aus dem Urlaub. Praktisch für Einbrecher, die dann genau wissen, wann ein Haus leer steht. Einige freundliche Hausbesitzer sind so vorsorgend, Fotos und Videos vom Haus selbst zu veröffentlichen. Damit können Einbrecher im Vorfeld ihr Verbrechen ordentlich planen und sich dort vorhandene interessante Wertsachen schon mal vorab in Facebook ansehen.

Auch Konsumenten von Cannabis zählen zu den auskunftsfreudigen Teilnehmern in Facebook, wenn es um das Rauchen von Joints geht. Ich habe am 21. Mai 2013 in Facebook nach öffentlichen Posts von Facebook-Benutzern gesucht, die sich zum Kiffen verabreden möchten.

Insgesamt habe ich in Deutschland 22 solcher Posts gefunden. Der für mich erschreckendste Post stammte von einer Schülerin, die über ihr Smartphone einen Facebook-Post veröffentlicht hatte, in dem sie für die Schulpause noch zwei Schüler zum Joint-Rauchen sucht.

Aber auch Abzocker haben das Internet erobert. Speziell jüngere Internetbenutzer zählen erschreckend häufig zu deren Opfern. Unseriöse Anbieter locken Internetnutzer mit vermeintlich kostenfreien Angeboten im Internet oder mit Smartphone-Apps, die dann aber beispielsweise zum Abschluss eines kostenpflichtigen Abos führen. Solche Angebote sind meist so aufgebaut, dass auch der „normal" aufmerksame Internetbenutzer darauf hereinfallen kann.

Ebenfalls überwiegend junge Internetnutzer geraten leicht in Konflikt mit dem Urheberrecht.

Sie laden und tauschen urheberrechtlich geschützte Materialien wie Musiktitel, Filme, eBooks und so weiter. Zum Tauschen oder Suchen von Musikstücken oder Ähnlichem werden häufig Programme, sogenannte Tauschbörsenclients, verwendet. Gefährlich werden diese bei unsachgemäßer Konfiguration. Dann bieten sie automatisch die eigene Musiksammlung anderen Internetteilnehmern an und laden im Gegenzug Musikstücke, eBooks, Filme usw. aus dem Internet herunter. Handelt es sich dabei um Daten, die nicht vom Rechteinhaber (beispielsweise dem Musiker oder dem Verlag) extra zur freien Weitergabe freigegeben worden sind, wird der Gesetzesverstoß teils unwissend begangen, teils bewusst in Kauf genommen. Nicht zu unterschätzen ist der Schadensersatz, der von Internetnutzern bezahlt werden muss, wenn sie bei illegalen Tätigkeiten erwischt werden. Während sich der durchschnittliche Betrag für Abmahnungen inklusive Rechtsanwaltsgebühren bei rund 1.500 Euro im Jahr 2012 einpendelte, gab es immer wieder Ausreißer nach oben, die durchaus hohe fünfstellige Beträge erreicht hatten. Alarmierend ist, dass es eine nicht unerhebliche Anzahl von Internetnutzern gibt, die sich keiner Schuld bewusst sind.

Weitere Risiken sind Cybermobbing, die Anbahnung von Sexualstraftaten über das Internet und leider noch viele mehr. Auf Risiken, die für Unternehmen und Staaten, insbesondere Angriffe auf kritische Infrastrukturen wie die Energie- oder Wasserversorgung bestehen, werde ich in späteren Büchern eingehen.

## Was macht der Gesetzgeber?

Es ist jammerschade, es so drastisch formulieren zu müssen, aber er versagt beim Schutz der Internetnutzer auf der ganzen Linie. Anstatt die Internetnutzer zu schützen, werden sie eher drangsaliert, überwacht und die Jugend aufgrund der nicht mehr zeitgemäßen Urheberrechtsgesetze nahezu kriminalisiert. Nicht überwachen, kontrollieren und verbieten, sondern aufklären, der Justiz die notwendigen Strukturen und Ressourcen an Mitarbeitern, Ausbildung und Technologien zur Verfügung stellen und die Hersteller von Sicherheitshardware und -software für deren eigene Leistungsversprechen in die Haftung zu nehmen, lautet meiner Ansicht nach das Gebot der Stunde. Mit diesen Methoden lässt sich schnell und effektiv die Sicherheit für die Bevölkerung erhöhen und sie wären eines demokratischen Rechtsstaates würdig.

Leider zeigen die Bestrebungen einiger Politiker immer wieder, dass der Ruf nach einer vollständigen Internetüberwachung nicht abflaut und jeder Webseitenbesuch, jede E-Mail, jede SMS-Verbindung für einige Monate gespeichert werden sollten, während andere Politiker nicht so weit gehen wollen. Aber gerade wir sollten doch von den beiden totalitären deutschen Überwachungsstaaten unserer Vergangenheit gelernt haben. Natürlich brauchen wir einen funktionierenden Rechtsstaat. Zu einem funktionierenden Rechtsstaat gehört auch eine funktionierende Strafverfolgung. Aber auch die Achtung der Menschenrechte und der Freiheit der Bürgerinnen und Bürger.

# Freiheit

Zum ersten Mal in der Geschichte der Menschheit sind Menschen (zumindest die mit Zugang zum Internet) in der Lage, weltweit und relativ frei zu kommunizieren. Meinungen können gebildet, politische Ansichten diskutiert werden. Während vor dem Zeitalter des Internets Menschenrechtsverletzungen selten öffentlich wurden, schafft das Internet Transparenz. Eines der bekanntesten Beispiele ist die Ermordung des jungen Ägypters Khaled Said. Khaled Said stellte ein Video online, auf welchem ägyptische Polizisten zu sehen waren, die einen Drogendeal durchführten. Am 6. Juni 2010 wurde Khaled Said in einem Internetcafé in Alexandria von zwei Zivilpolizisten verhaftet und auf offener Straße vorsätzlich zu Tode geprügelt. Sein Leichnam wurde später von den beiden Polizisten wie ein Müllsack vor einen Hauseingang geworfen.

Der ägyptische Google-Mitarbeiter Wael Ghonim eröffnete kurz darauf die Facebook-Fanpage „Wir sind alle Khaled Said" mit der Absicht, eine Protestbewegung gegen die Ermordung von Khaled Said ins Leben zu rufen. Ziel war, die beiden Polizisten für ihr Verbrechen zur Verantwortung zu ziehen. Über die Facebook-Fanpage rief er immer wieder zu Demonstrationen gegen diese Tat auf. Die Resultate kennen Sie aus dem Fernsehen. Es waren schlussendlich die Demonstrationen auf dem Tahir-Platz in Kairo, die zum Sturz des Regimes geführt haben. Die Ermordung von Khaled Said und die Verbreitung dieser schrecklichen Tat waren der Zündfunke der ägyptischen Revolution.

Vor dem Internetzeitalter wäre die Ermordung von Khaled Said nicht an die ägyptische Öffentlichkeit gedrungen und weltweit vermutlich gar nicht wahrgenommen worden. Dies ist nur ein Beispiel, wie das Internet Menschen hilft, zu kommunizieren – und zwar nicht nur *face to face* von einer Person zur anderen, sondern von einer Person zu Hunderttausenden Menschen. Früher war diese Art der Kommunikation nur dem Staat und den Medien möglich, heute kann jeder Mensch mit Internetzugang zu Millionen von Menschen kommunizieren, wenn diese zuhören wollen.

Was passiert, wenn unterdrückte Menschen in Staaten anfangen, sich gegen den Staat zu wehren, wenn staatliche Propaganda nicht mehr greift? Einer der ersten Schritte ist das Abstellen des Internets. Für viele diktatorische Staaten ist das der einzige Weg, die Kontrolle über die Kommunikation der Einwohner zu behalten. Wir erleben dies derzeit immer wieder im Iran und in Syrien.

Leider überwachen nicht nur totalitäre Regime und Kriminelle die Tätigkeiten von Internetnutzern. Federführend werden auch wir Europäer von US-Amerikanischen Nachrichtendiensten überwacht. Ein großer Teil der E-Mails, Telefonate, Einträge in Sozialen Netzen usw. werden vollautomatisch erfasst und ausgewertet. Die Veröffentlichungen des Whistlerblowers Edward Snowden über die Abhörpraktiken US-Amerikanischer und britischer Nachrichtendienste erzeugten eine Welle der Empörung in Europa. Speziell deutsche Politiker aller großen Parteien heuchelten auch umgehend Unwissenheit und forderten umgehende Aufklärung. Unter den Tisch wurde dabei gekehrt, dass andere ähnliche Abhörprogramme schon seit Jahren auch auf politischer Ebene bekannt sind. Beispielsweise die Existenz des globalen Abhörsystems für private und wirtschaftliche Kommunikation (Abhörsystem ECHELON). In der Sitzung vom 5. Juli 2000 beschloss das Europäische Parlament die Einsetzung eines nichtständigen Ausschusses über das Abhörsystem ECHELON. Am 11. Juli 2001 wurde der Bericht dem Europäischen Parlament vorgestellt. Der Bericht belegt die Existenz des Abhörsystems ECHELON, welches dem vom Whistleblower Snowden veröffentlichten Bericht über Prism und Tempora sehr ähnlich ist. Sie können den Bericht auf der Seite des Europäischen Parlaments unter  http://www.europarl.europa.eu/sides/getDoc.do?pubRef=-//EP// TEXT+REPORT+A5-2001-0264+0+DOC+XML+Vo//DE nachlesen.

Sicherlich kann die Behauptung unserer Politiker richtig sein, dass sie den Namen Prism nicht kannten, aber die Existenz solcher Abhörprogramme waren definitiv allen europäischen Parlamenten bekannt. Auch die Spitzenvertreter der Grünen und der SPD, die derzeit aufgrund der Abhörskandale gegen die CDU Stimmung machen, haben von den Abhörprogrammen gewusst. Heuchelei scheint heute zum politischen Tag gehören. Nur, wen können wir Bürgerinnen und Bürger heute noch Vertrauen?

*Im Oktober 2013 scheint zu diesem Thema ein
neues Buch von mir.*

*Weitere Themen und Ergänzungen finden Sie immer aktuell
auf der Buch-Website www.tatort-www.de*

## Zugang zu Wissen und Vermehrung des Wissens

*Das Internet bietet Zugriff auf einen Großteil des Wissens der Menschheit. Was früher nur einem elitären Kreis zur Verfügung stand, wird Allgemeingut. Immer mehr deutsche Universitäten stellen Videoaufnahmen ihrer Vorlesungen kostenfrei ins Internet. Viele Bibliotheken bieten einen kostenfreien Internetzugriff auf verschiedene digitalisierte Werke der eigenen Bestände. Die Aufzählungen könnten endlos weitergehen, aber ich möchte Sie nicht langweilen. Liebe Leserinnen und Leser, durch das Internet kann und wird sich unsere Gesellschaft verändern. Ob zum Positiven oder Negativen – das liegt an uns. Das Internet ist ein Instrument, ein Werkzeug. Wie wir es nutzen, wird über die Auswirkungen entscheiden.*

# GLOSSAR

### Administrator

Ein Administrator betreut Computersysteme oder Websites für einen anderen in technischer und inhaltlicher Hinsicht. Dafür benötigt der Administrator möglichst umfassenden Zugriff auf alle Systembestandteile; er darf sie dann auch verändern. Für Ihren privaten Computer zu Hause sind Sie selbst der Administrator.

### Admin-Rechte (= Administratoren-Rechte)

Admin-Rechte sind erweiterte Zugriffsrechte, die benötigt werden, um Systembestandteile wie zum Beispiel Software auf einem Computer zu installieren oder wichtige Einstellungen zu ändern. So kann nur jemand, der Admin-Rechte hat, Windows-Funktionen hinzufügen.

### AES

Advanced Encryption Standard ist eine Methode zur Verschlüsselung von Daten. Sie kann zum Beispiel zur Verschlüsselung der Übertragung in einem mit WPA2 gesicherten WLAN verwendet werden. Dadurch wird alles verschlüsselt, was zwischen dem Router und einem beliebigen, drahtlos verbundenen Gerät ausgetauscht wird. (Siehe dazu auch **WPA2** und **WLAN**)

### Android, Android-Handy

Android ist ein Betriebssystem für Mobiltelefone, so wie Windows eines für einen PC ist. Android zeichnet sich dadurch aus, dass es von vielen Personen gemeinsam programmiert wird und dass von seinen Nutzern überdurchschnittlich viel eingestellt werden kann. Im Gegensatz zu iOS für das iPhone stammt die meiste Entwicklungsarbeit von Google und nicht von Apple.

## booten

Ab dem Moment, in dem ein PC oder ein Handy eingeschaltet, also mit Strom versorgt wird, läuft automatisch der Startvorgang des Betriebssystems; dieser Vorgang wird als „booten" bezeichnet. Während des Bootens wird das Gerät für die Benutzung vorbereitet. Ein Betriebssystem stellt eine Grundlage dar, auf der weitere Programme oder Funktionen aufbauen können. Das Booten kann man vergleichen mit dem Vorheizen eines Backofens – er wird eingeschaltet, heizt auf und ist dann betriebsbereit.

## Boot-CD

Mit Hilfe einer Boot-CD kann ein anderes als das auf der Festplatte des PCs installierte Betriebssystem gestartet werden. Boot-CDs werden unter anderem zur Datenrettung von einem defekten Betriebssystem oder für Antiviren-Produkte verwendet. Antiviren-Produkte können von dem alternativen Betriebssystem aus den ganzen Computer überprüfen, ohne dass ein vermeintlich infiziertes Betriebssystem gestartet werden muss. So kann man vermeiden, dass bei Verdacht auf ein infiziertes Betriebssystem die dort vermutete schädliche Software aktiviert wird.

## DSL-Router

Der DSL-Router, den viele zu Hause haben, ist ein Gerät, mit dessen Hilfe mehrere Geräte mit einem Netzwerk verbunden werden können, das heißt: PC, Laptop, Tablet bilden innerhalb eines Haushaltes oder eines kleineren Unternehmens ein eigenes Netzwerk, das wiederum über dem Router mit dem Internet verbunden ist.

DSL bedeutet: Digital Subscriber Line (= Digitaler Telefonanschluss); über diesen Anschluss wird die Verbindung mit dem Internet hergestellt.

### File-Sharing, Tauschbörse

File-Sharing-Plattformen funktionieren wie ein Basar im Internet, auf denen jeder beliebige Nutzer beliebige Dateien bereitstellen kann. Andere Nutzer laden dann von dort Musik, Filme, Bilder oder Textdokumente auf ihren eigenen Computer kostenlos herunter. Das können prinzipiell alle Arten von Daten sein. Man tauscht und teilt (engl.: *to share*) sie also untereinander. Eine bekannte Plattform ist beispielsweise BitTorrent.

### HBCI

Mit Home Banking Computer Interface wird Bankkunden ermöglicht, an ihrem PC einen Überweisungsträger auszufüllen, Kontostände abzufragen oder Daueraufträge zu bearbeiten. Diese Arbeiten waren in ähnlicher Form bisher nur auf Papier möglich. HBCI ist eine Schnittstelle, also eine Verbindung zwischen Kunde und Bank.

### Jailbreak

„Jailbreak" bedeutet im Englischen: Ausbruch aus einem Gefängnis. Das Gefängnis sind im Falle eines Handys die Begrenzungen bei dessen Nutzung – ein normaler Nutzer kann nicht alles selbst einstellen.

Bei Smartphones ist mit Jailbreak insbesondere das Deaktivieren von Nutzungsbeschränkungen gemeint, um beispielsweise Apps auch aus anderen Quellen im Internet und nicht nur aus dem offiziellen App-Store des Handy-Herstellers installieren zu können.

### Konfiguration

Unter Konfiguration versteht man alle Einstellungen eines Computersystems. Das ist vergleichbar mit der Einstellung eines Fahrersitzes im Auto: Man stellt die Rückenlehne, die Sitzfläche, die Kopfstütze, die Entfernung zum Lenkrad und zu den Pedalen ein – kurz gesagt: Man konfiguriert den Fahrersitz, damit man das Auto vernünftig fahren kann. Genauso konfiguriert man den Computer und passt ihn damit den eigenen Bedürfnissen an.

## LTE

Long Term Evolution (LTE) ist der Nachfolger von UMTS, der noch höhere Geschwindigkeiten bei der drahtlosen Datenübertragung ermöglicht.

(Zu UMTS siehe Seite 221.)

## MAC-Adresse

Die sogenannte Media-Access-Control-Adresse (Mac-Adresse) ist die individuelle Identifikationsnummer eines Gerätes in einem Netzwerk. Diese Kennnummer wird oft ab Werk eingestellt. Sie kann teilweise aber auch manuell geändert werden. Sie ist wie das Nummernschild eines Autos, das in einem bestimmten Landkreis angemeldet ist (und sollte ebenfalls nach Möglichkeit nicht manuell geändert werden).

## MAC-Filter, MAC-Adress-Filter

Ein MAC-Adress-Filter bietet eine einfache Handhabe, um unbekannte Geräte mit fremden MAC-Adressen aus dem eigenen Netz auszuschließen. Der MAC-Filter ist Teil der Konfiguration des Routers.

## Phishing

Phishing ist ein Kunstwort aus dem Englischen, mit dem das Abgreifen und Manipulieren von Daten im Internet bezeichnet wird. „Gephisht" wird in erster Linie nach Passwörtern, Daten und Informationen oder es werden Datenübertragungen manipuliert. Beliebte Phishing-Ziele sind beispielsweise Onlinebanking-Seiten oder auch Anbieter wie PayPal. Hier werden sehr oft sehr viele Daten wie

Benutzername, Passwort, Kreditkartennummer, PIN und CVV-Code gestohlen – natürlich hauptsächlich deswegen, um sie missbräuchlich und in betrügerischer Absicht zu verwenden.

## rooten

Vor allem bei Smartphones und Tablets werden Fehler, Sicherheitslücken oder der Wartungsmodus ausgenutzt, um eine Rechteerweiterung zu erhalten. Das bedeutet, dass ein normaler Benutzer ohne Erlaubnis Admin-Rechte (siehe Seite 216) erhält. Diese Rechte können dann genutzt werden, um Sperren vom System zu entfernen oder ähnlich wie beim Jailbreak (siehe Seite 218) andere Software installieren zu können.

## SSL

Während ein Tunnel gebaut wird, stützen die Arbeiter die Tunnelwände ab, um sich gegen Einstürze zu schützen. Übertragen auf die Datenübermittlung bedeutet das: Durch Secure Sockets Layer wird eine Verbindung gegen Eingriffe von Dritten abgesichert. Dies wird durch eine verschlüsselte Übertragung von Daten bewerkstelligt, beispielsweise zwischen Ihrem Computer und dem Onlinebanking-System Ihrer Bank.

### SSL-Zertifikat

Bei einem solchen Zertifikat handelt es sich um einen Identitätsnachweis eines Systems im Netz.

Es wird verwendet, um die Identität eines Systems in einer SSL-Verbindung zu überprüfen. Das Zertifikat selbst ist eine Art Ausweis-Datei, die man als das elektronische Äquivalent eines Personalausweises verstehen kann.

## TLS

Transport Layer Security ist der Nachfolge-Standard von SSL. In TLS sind einige Fehler, die in SSL enthalten waren, behoben, daher ist TLS in vielen Fällen die bessere Wahl.

## Server-Zertifikat

Siehe Seite 220 – SSL-Zertifikat.

## SmartScreen-Filter

In diesem Dienst von Microsoft werden vom einzelnen User besuchte Webseiten mit einer Liste bekannter bösartiger Seiten abgeglichen. Ist die besuchte Seite als bösartig gemeldet, blendet der Browser eine Warnung ein. Gemeint sind Webseiten, die mit Schadsoftware, also Viren und dergleichen verseucht sind. Der Smart-Screen-Filter kann in aktuellen Versionen des Browsers Internet Explorer in den Einstellungen aktiviert werden.

## SSID

Service Set Identifier ist der Name eines WLAN. Er lautet beispielsweise Fritz!Box Phone 7130 und sollte in der Regel individuell geändert werden, um die Sicherheit des WLANs zu erhöhen.

## UMTS

Das Universal Mobile Telecommunications System ist ein schneller Mobilfunkstandard, mit dem beispielsweise Musik schnell auf ein Mobiltelefon gestreamt werden kann.

## WEP

Wired Equivalent Privacy ist der Name eines veralteten Standards zur Absicherung eines WLAN. Dieser veraltete WEP-Standard sollte nicht mehr verwendet werden.

### WLAN

Ein Wireless Lokal Area Network (WLAN) ist ein kabelloses, lokales Netzwerk beziehungsweise ein Funknetzwerk. WLANs werden häufig in Privathaushalten verwendet, um beispielsweise drahtlos mit dem Laptop vom Sofa aus zu surfen. Man kann so auf lästige Kabel verzichten.

### WPA

Wi-Fi Protected Access (kurz WPA) ist der Name eines verbesserten Standards zur Absicherung eines WLANs, der für ältere Geräte verwendet werden kann. Die Verwendung von WPA kann während der Konfiguration des WLANs eingestellt werden. Das WLAN selbst wird beispielsweise von einem DSL-Router bereitgestellt. Wer WPA nutzt, sollte sich dafür ein sehr gutes Passwort ausdenken.

### WPA2

Wi-Fi Protected Access 2 ist der Name des aktuellen Standards der Absicherung eines WLANs. Bei Verwendung von WPA2 mit AES handelt es sich um die momentan sicherste Methode zur Sicherung eines privaten Funknetzes.

### WPS

Geräte, die Wi-Fi Protected Setup unterstützen, können per Knopfdruck mit einem gesicherten WLAN verbunden werden. Ein moderner Drucker kann zum Beispiel mit WPS drahtlos in das Heimnetzwerk eingebunden werden. Somit steht er allen anderen Geräten im Netzwerk zur Verfügung.

### Zip-Datei

In Zip-Dateien werden mehrere Dateien komprimiert, was für deren Übertragung platzsparend wirkt; diese verläuft dann deutlich schneller. So können beispielsweise große Mengen von Text in einem Paket zusammengefasst und versendet werden. Beim Empfänger wird die Zip-Datei beziehungsweise der Reißverschluss (engl. *zipper* = Reißverschluss, daher die Bezeichnung) wieder geöffnet. Die komprimierten Dateien aus dem Zip-Paket quellen dann quasi wieder auf Originalgröße auf.